Tus hijos
Sí *importan*

· *Recibiendo* · *Modelando* · *Enviando* ·

Juan J. Varela Álvarez
Mª Mar Molina Morón

editorial clie

EDITORIAL CLIE
C/ Ferrocarril, 8
08232 VILADECAVALLS
(Barcelona) ESPAÑA
E-mail: clie@clie.es
http://www.clie.es

TUS HIJOS SÍ IMPORTAN
ISBN: 978-84-17131-66-1
Depósito legal: B.4187-2018
Vida cristiana
Familia
Referencia: Familia

JUAN VARELA ÁLVAREZ (España). Diplomado en Teología por el IBSTE en España y licenciado en teología por el SETEHO en Honduras. Cursó estudios de postgrado en Intervención Familiar Sistémica en el "Centro KINE", en Intervención en los Trastornos Sexuales en el "Centro Carpe Diem", en Psicología del Matrimonio y la Pareja en el centro STEA y de Mediación Familiar en la Universidad de Sevilla. Asesor en Orientación Sexual, certificado por la International Healing Foundation (Richard Cohen). Juan Varela es fundador y Director Nacional del Instituto de Formación Familiar (*INFFA*) y Presidente del Centro de Orientación y Mediación Familiar (*COMEFA*). Asimismo es el presidente de la Comisión de Familia de la Alianza Evangélica Española (AEE). Ha escrito y publicado diversos libros y es conferenciante sobre temas de familia e identidad sexual en España, Latinoamérica y los Estados Unidos.

MARÍA DEL MAR MOLINA MORÓN (España). Diplomada en Magisterio por la Universidad de Córdoba, Bachiller en Teología por el IBSTE en España, Experta en Mediación Familiar por la Universidad de Sevilla y Consultora de Parejas por el Niche College de Inglaterra. Junto a su esposo han sido misioneros en Honduras, pastores en Zaragoza, Palma de Mallorca y Sevilla. Coautora junto con Juan Varela de diversos libros, ambos son conferenciantes internacionales sobre temática familiar y consejeros de pareja.

Dedicamos este libro, en primer lugar a nuestros padres, quienes nos dieron la vida y con su ejemplo y esfuerzo lograron sacarnos adelante. Ellos comenzaron la carrera de nuestra historia y hace tiempo ya nos pasaron el relevo para que la continuásemos, su ejemplo y dedicación sigue hablando a nuestras vidas y desde estas páginas honramos su memoria. Ellos fueron el eslabón que nos une al pasado y que nos hace sentirnos orgullosos de nuestra herencia. También dedicamos este libro a quienes van a continuar la carrera, en este caso nuestro único hijo Noel Josué, él nos dio el enorme privilegio de ser padres, y nos enseñó una nueva dimensión del amor. Gracias papá y mamá por dar sentido a nuestro pasado, gracias hijo por traer esperanza a nuestro futuro y permitir que día a día sigamos aprendiendo en la inigualable y apasionante labor de ser padres. Con vosotros nos sentimos parte de una cadena generacional que seguirá escribiéndose...

ÍNDICE GENERAL

1º PARTE
Recibiendo

2° PARTE
Modelando

3ª PARTE
Enviando

PRÓLOGO

Pocas personas exponen con tanta elocuencia y conocimiento lo que está ocurriendo en la sociedad de hoy como lo hace mi buen amigo Juan Varela. Por eso, estoy seguro que disfrutará al leer *Tus hijos sí importan*. Con gran sinceridad y transparencia, Juan y María del Mar, abren sus corazones para permitirnos navegar en sus vidas y aprender de la paternidad y la maternidad. Este libro inicia con una historia personal, pero nos lleva a un recorrido que permite hacer un diagnóstico de la sociedad en la que están creciendo nuestros hijos. No es fácil criar hijos en una época en donde los valores se han perdido, la ética familiar ha sido menospreciada, y a lo bueno se le ha llamado malo. Pero hoy, más que nunca, los padres y las madres deben de levantarse a escribir una historia en la vida de sus hijos que los lleve a hacer la diferencia en la generación actual.

Las personas buenas deben tener hijos, y formarlos para liderar y gobernar con justicia, amor y bondad. No podemos rendirnos, ni creer que se han perdido las grandes batallas a favor de la familia, la vida y el matrimonio. El ataque que hoy vive la familia, es una moda que pronto pasará y, aunque quedarán las consecuencias de las decisiones que se tomaron, la diferencia la hará, la generación valiente, que surge de hogares unidos y fuertes, inspirados en las verdades bíblicas, que actuaron con congruencia y le creyeron a Dios. Al recorrer estas páginas, comprenderá mejor cómo formar hijos fuertes en una sociedad confundida.

Como bien lo exponen Juan y María del Mar, *los padres nunca debemos olvidar que nosotros somos los primeros responsables y los que debemos marcar la hoja de ruta en esos "trozos de papel", no permitiendo que terceras personas o instituciones públicas usurpen el privilegio, y sobre todo, el derecho que solo nos corresponde a nosotros como padres.* Definitivamente, inspirar, educar y formar a los más pequeños de casa, es nuestra responsabilidad y privilegio.

No importa cómo esté conformada su familia, ni cuáles han sido sus orígenes, ustedes tienen el privilegio de marcar el destino de la nueva generación para que hagan la diferencia, vivan para Dios y sean determinados en sus convicciones. Para esto, debemos estar preparados como padres, y así empoderar a nuestros hijos con criterios claros y formarlos con sentido de misión.

Dios nos honró a Helen y a mí con el privilegio de ser padres de Daniel y Esteban, y ahora nos concede el honor de ser abuelos. Nuestras vidas cambiaron para siempre, porque ahora comprendemos que nacimos para marcar generaciones a partir de nuestros hijos. Todo lo que hacemos y decidimos, lo hacemos intencionalmente con el propósito de abrir camino para ellos. Pido cada día a Dios, que nos permita construir recuerdos en nuestros hijos, que trasciendan el tiempo, y que les ayude a ellos influenciar a su generación con un mensaje de esperanza y eternidad en Dios.

Como lo expresan los autores: *Nuestros hijos nos proyectan hacia un futuro que no veremos, y nos dan la esperanza de que nuestra historia personal no se acaba con nosotros, sino que seguirá en ellos, y aun en los hijos de nuestros hijos, marcando así una línea familiar generacional, un legado, que perpetuará nuestra memoria por generaciones.*

Le invito a que, al leer este libro, pueda reflexionar en el legado que está dejando a la nueva generación y sea firme en la convicción de que Dios le permitirá dejar una huella que catapulte la generación que lleva su apellido.

Estoy seguro que disfrutará del libro *Tus hijos Sí importan*.

Sixto Porras
Director Regional ENFOQUE A LA FAMILIA

DEL CORAZÓN DE NUESTRO HIJO...

Me gusta mucho la palabra IMPORTA, que no significa otra cosa que dar valor a algo o a alguien, y en este caso así me siento yo en este momento, importante... Para mí es todo un honor y privilegio poder escribir estas palabras, y antes de nada, quisiera darles las gracias a mis padres por esta oportunidad, porque así están demostrando una vez más que confían en mí. Ha sido genial haber podido leer este libro y encontrarlo tan natural y tan ellos mismos, me parece estar justamente escuchando sus voces que me recuerdan cada una de las enseñanzas descritas en este libro.

Nosotros no somos ni de lejos la familia perfecta, de hecho, no creo ni que exista. Con nuestros más y nuestros menos, puedo decir orgulloso que son mi familia, y que si hoy he llegado hasta donde estoy es solo gracias a ellos, por su ejemplo. Hemos fallado mucho, sí, pero también hemos aprendido juntos. La verdad es esa, cada día se aprende un poco más a ser padres e hijos, porque cada día te enfrentas con pruebas nuevas. Por esto es tan importante tener a la familia unida como un equipo, porque solo de esa manera se podrá afrontar cualquier situación. Esa complicidad permite crear ese hermoso lugar, que no se encuentra en ninguna casa, solo en los corazones, y ese, queridos lectores, es el "hogar". Aquel lugar donde podemos ser nosotros mismos sin ningún tipo de miedo a expresarnos y ser así, tal cual somos, aquel lugar donde crecemos y aprendemos.

Dentro de mí hay una pequeña proyección de lo que mis padres son, proyección que estoy deseando poder trasmitir a mis hijos y estos, a su vez, mejorándola y trasmitiéndosela a los suyos. Entre otros aspectos no podría faltar sin duda, el ya famoso "castillo de arroz", que espero y deseo que sea uno de los muchos legados que quiero dejar en herencia…

De nuevo, gracias papá y gracias mamá… ¡por todo!

Noel J. Varela Molina

PREFACIO

En un país lejano

Todos tenemos una historia, cada familia está configurada de forma única y especial por toda una serie de recuerdos y vivencias, que conforman nuestro sentido de identidad y pertenencia, esto es bien cierto en cada uno de nosotros. Nuestra historia está marcada por el testimonio de nuestra propia experiencia como hijos y en la gran mayoría de los casos también como padres. La vida nos moldea y va formando nuestro carácter utilizando para ello luces, pero también sombras, risas, pero también lágrimas, siendo el crisol de nuestro matrimonio y familia, el lugar idóneo donde se va forjando nuestra impronta familiar y el sello de nuestra propia herencia generacional. Por eso queridos amigos, queremos comenzar escribiendo acerca de nuestra propia experiencia, será María del Mar quien en principio os cuente…

La historia de nuestro hijo Noel, comenzó prácticamente el día que Juan y yo empezamos a salir como algo más que amigos. Recuerdo, como si fuera hoy, uno de nuestros primeros paseos como pareja donde Juan, con mucha valentía, me habló de algo que para él no fue fácil, y que supuso un gran choque para mí, así como el comienzo de un nuevo planteamiento en mi vida que tuve que aprender a aceptar y asimilar. Algo que de alguna forma marcó nuestras vidas y nos hizo buscar otros horizontes. Sí, la noticia fue que Juan era estéril, y era un diagnóstico médico confirmado. Cuando me lo dijo, yo en principio me quedé un poco en shock y sin asimilar muy bien lo que ello implicaba e implicaría para mí como mujer. Sin embargo valoré mucho la sinceridad y honestidad de Juan al decírmelo justo al comienzo de nuestra relación, porque él sabía que esto podría ser un gran impedimento para nuestro posible matrimonio.

Lo que hicimos fue embarcarnos aún más en el viaje y en la tarea de hacer nuestra vida juntos, confirmamos de nuevo que médicamente no había nada que hacer, y partiendo de esa dura realidad, comenzamos a construir nuestra propia historia. Yo ese día, y otros más, tuve que llorar bastante y asimilar mi duelo personal, mi decisión de, por mi elección, renunciar a algo con lo que siempre había soñado, ser madre, tener mis propios hijos. Pero esto solo fue el comienzo de una preciosa aventura en la que Dios nos entregó al que hoy es nuestro único hijo y especial tesoro, Noel Josué.

Desde el día que supimos que no podíamos tener hijos de forma natural empezamos a afianzarnos más en la idea de que Dios podía usar otros medios para dárnoslos, ese era uno de nuestros sueños e ilusiones, e íbamos a luchar por ello. Desde ese momento hablamos y coincidimos en que nos gustaría un varoncito, y así empezamos a pedir a Dios por él sin saber cómo ni cuándo ni porqué medios nos había de llegar. Cada día, aun antes de casarnos, orábamos a Dios por ese hijo que Él un día nos daría.

En ese tiempo ambos estábamos estudiando en el seminario en Barcelona y decidimos que al acabar nuestros estudios y casarnos, nos iríamos un año fuera para tener una experiencia misionera. El Señor nos abrió puertas para irnos a Honduras todo el año 1995 y desde que supimos el lugar, empezamos a orar aún con más fuerza por la posibilidad de adoptar en ese país. El deseo de tener un hijo cada vez crecía más, a tal punto que aun antes de iniciar nuestro viaje, ya le pusimos nombre, se llamaría Noel Josué (a Juan le gustaba Noel y a mi Josué, así que lo tuvimos muy fácil). Cada día orábamos y agradecíamos a Dios por él, no sabíamos dónde estaba, ni cómo llegaría a nuestras manos, pero creíamos por fe que Dios nos lo concedería en esa tierra lejana y desconocida para nosotros.

Fue así que en enero de 1995 emprendimos rumbo a Honduras con el propósito de invertir un año de nuestras vidas en aquel país, dando de lo que teníamos y dispuestos a aprender y recibir, y efectivamente así fue..., cuando pensamos en ese año solo viene gratitud a nuestras vidas por la experiencia tan enriquecedora que tuvimos en todos los sentidos. Experiencia coronada con el regalo de tener a nuestro hijo, Noel Josué, en nuestros brazos, cuando solo contaba con 47 horas de vida, fue la respuesta de Dios a un clamor y a un deseo muy profundo que teníamos de tener hijos, una familia, un legado y una historia.

Ahí estaba, ese bebé de apenas dos días de vida llegaba a nuestras manos, casi no sabíamos cómo sostenerlo en nuestros brazos, para, según nosotros, no hacerle daño, pues lo veíamos frágil y absolutamente dependiente. Como estábamos lejos de nuestras propias familias, fueron amigos nuestros del país los que nos ayudaron, con sus consejos, a darle su primer baño, su primer biberón, etc. Siempre recordaremos la primera noche que tuvimos a Noel con nosotros, de repente y bajo un sueño profundo en el que Juan y yo estábamos, nuestro hijo comenzó a llorar, claro, había que darle de comer. En ese momento al despertarnos nos miramos, dándonos cuenta de que teníamos frente a nosotros aquello por lo que tanto habíamos orado y esperado: nuestro anhelado hijo había llegado a nuestras vidas.

De pronto me vino a la mente algo que siempre recuerdo, y me lo recuerda, por lo que implica. Fue la imagen clara y nítida de un trozo de barro frágil, blando y muy moldeable, como si Dios mismo nos dijera en ese momento: Juan y María del Mar, pongo en vuestras manos la responsabilidad de la vida de esta criatura y os la entrego para que seáis sus padres, él es frágil, como el barro, recordad que las huellas que dejéis en esta vida, en positivo o negativo, quedarán marcadas en su vida para siempre, ese es vuestro privilegio y vuestra responsabilidad.

Entendimos que no se trataba simplemente de hacerlo lo mejor que pudiéramos, sino de mentalizarnos que debíamos entregar el máximo esfuerzo y empeño, en esa noble empresa, dejando huellas positivas que permanecieran en su historia para siempre. Hoy, después de ya bastantes años, damos gracias a Dios por las huellas positivas que dejamos, pero también reconocemos nuestros fallos y errores, como todos los padres, pero…, en ello seguimos, aprendiendo, reconociendo y rectificando, siempre para crecer y mejorar en esta labor en la que creemos firmemente.

> Los padres nunca debemos olvidar que nosotros somos los primeros responsables y los que debemos marcar la hoja de ruta en esos "trozos de papel", no permitiendo que terceras personas o instituciones públicas usurpen el privilegio, y sobre todo, el derecho que solo nos corresponde a nosotros como padres

Alguien dijo que *la vida de un niño es como un trozo de papel en el que todos los que pasan dejan una señal.* Esto nos advierte de una realidad complicada, pues en las vidas de nuestros hijos, no solo influenciamos nosotros como padres, sino todo un conjunto de personas y factores internos y externos, que forjarán su carácter y personalidad. Por encima de todo, los padres nunca debemos olvidar que nosotros somos los primeros responsables y los que debemos marcar la hoja de ruta en esos "trozos de papel", no permitiendo que terceras personas o instituciones públicas usurpen el privilegio, y sobre todo, el derecho que solo nos corresponde a nosotros como padres.

Esta es parte de nuestra propia historia, que a día de hoy y con nuestro hijo ya fuera del nido, seguimos escribiendo. Siempre aconsejamos a los padres que, si pueden, tengan más de un hijo, consejo que nosotros, pese a nuestro deseo, no pudimos cumplir. Sin embargo hoy creemos y testificamos, que la experiencia de ser padres es comparable a pocas cosas, y que difícilmente se puede entender si no lo somos, no es mejor ni peor, solo una vivencia incomparable. Nuestros hijos nos proyectan hacia un futuro que no veremos y nos dan la esperanza de que nuestra historia personal no se acaba con nosotros, sino que seguirá en ellos y aun en los hijos de nuestros hijos, marcando así una línea familiar, generacional, un legado, que perpetuará nuestra memoria por generaciones.

Al ponernos a escribir este libro somos muy conscientes de la complejidad que implica hacer un libro sobre los hijos hoy, pues sabemos que ya hay mucho y muy bueno escrito sobre el tema. Es por ello que este libro no pretende profundizar en cada una de las áreas sobre la educación de nuestros hijos, sino que aspira a ser un manual de reflexión asequible, útil y práctico para los padres, donde podamos exponer una panorámica general de los aspectos claves en el trato educativo con nuestros hijos. Siendo además muy consciente de la dificultad que esto conlleva en la sociedad que nos toca vivir, pero no por ello bajando la guardia, sino muy al contrario, creyendo y declarando que podemos ser buenos padres, esos padres que nuestros hijos necesitan y anhelan desesperadamente, aun sin saberlo ellos mismos. ¿Puede haber tarea más noble queridos lectores?

Estructura del libro

Después de escribir *Tu matrimonio sí* importa y *Tu identidad sí* importa, era una asignatura pendiente seguir con la saga y publicar *Tus hijos sí* importan, completando así una trilogía donde trabajamos el matrimonio, el papel del hombre[1], y la crianza de los hijos. Probablemente este sea el libro más importante de esta serie, pues nuestros hijos no solo constituyen el reemplazo generacional natural, sino que debido a la educación recibida también serán, para las futuras generaciones, transmisores de la fe, o lamentablemente, transmisores de los valores de una sociedad depravada en muchos aspectos. Aquí radica la enorme responsabilidad de conseguir educar a nuestros hijos en los valores que emanan de la Palabra de Dios, para que no sean arrastrados por la corriente de una sociedad líquida, con la que nos toca competir.

> Los hijos no son nuestra propiedad, son regalos y encargos divinos que *recibimos* de Dios con la responsabilidad de *modelar* y consolidar principios de educación y formación en valores, que constituyan una lanzadera sólida, para *enviarlos* a un mundo hostil, equipados con las herramientas adecuadas

El libro se estructura en tres partes principales: *recibiendo, modelando, enviando.* La idea principal en esta estructura planteada, es mentalizar a los padres[2]

---

[1] El papel del hombre, porque entendemos que la crisis de identidad afecta en mayor medida al hombre que a la mujer.

[2] A partir de ahora utilizaremos "padres o paternidad" en sentido genérico, es decir incluyendo al varón y a la mujer, excepto cuando se especifique lo contrario.

de que los hijos no son nuestra propiedad, son regalos y encargos divinos que *recibimos* de Dios con la responsabilidad de *modelar* y consolidar principios de educación y formación en valores, que constituyan una lanzadera sólida, para *enviarlos* a un mundo hostil, equipados con las herramientas adecuadas. Sobre este planteamiento, la primera parte enfatiza la importancia de la paternidad en su aporte heterosexual complementario, así como los distintos modelos de familia existentes. En la segunda parte, por un lado nos interesa explicar el desarrollo evolutivo de nuestros hijos hasta la llegada de la pubertad y la adolescencia, y por otro exponer las claves de una educación integral que combine autoridad, normas y disciplina, con afecto, afirmación y atención, así como resaltar la necesidad de una educación sexual equilibrada. Finalmente en la tercera parte exponemos la importancia de vivir la espiritualidad en familia, conocer las fuentes principales del suministro afectivo de nuestros hijos, y valorar cuál es el mejor legado y la mayor herencia que podemos dejarles.

INTRODUCCIÓN

La realidad social hoy: *Modernidad Líquida e Ideología de Género*

No queremos ser ajenos a la dura realidad que nos toca vivir en una sociedad donde el matrimonio, la familia y la paternidad, no solo son aspiraciones desfasadas y anacrónicas, sino que son opciones que abiertamente se combaten desde las nuevas estructuras de pensamiento, como impedimentos para el nuevo "modelo social" a conseguir en el siglo XXI. Esas estructuras de pensamiento son las que ahora nos toca explicar, para que al conocer sus pretensiones, sepamos defendernos y defender los valores de nuestra ética cristiana.

Atrás quedaron los tiempos de sanas tradiciones, donde la familia seguía siendo la institución que aglutinaba y daba sentido de dinastía e identidad generacional. Hoy vivimos tiempos complicados donde los pilares de la civilización Occidental están siendo removidos, las bases judeocristianas de Europa y Occidente en general están siendo negadas, mientras los nuevos conceptos de la modernidad líquida[3] y de la ideología de género están siendo impuestos en las políticas de la mayoría de nuestros países. La decadencia de nuestra cultura se sucede a marchas forzadas, la familia en muchos casos es solo un hecho circunstancial, y la maternidad es vista, por una gran parte de las nuevas generaciones, como algo obsoleto que hay que superar para que la mujer no quede relegada "al papel opresor de simple reproductora", usando el lenguaje de los detractores de la familia natural.

> Hoy más que nunca nos toca reivindicar el papel de la familia, su valor innegable, la inmensa bendición de la maternidad, de los hijos, de nuestro papel de padres como formadores de hogar, de la herencia generacional y de seguir escribiendo nuestra propia historia en clave familiar

El Salmo 11 en su versículo 3 dice: *Si fueren destruidos los fundamentos, ¿qué ha de hacer el justo?* Creemos que en primer lugar y ante la destrucción evidente de los fundamentos de nuestra civilización, hoy más que nunca nos toca reivindicar el papel de la familia, su valor innegable, la inmensa bendición de la maternidad, de los hijos, de nuestro papel de padres como formadores de hogar, de la herencia generacional y de seguir escribiendo nuestra propia historia en clave familiar.

---

[3] Se entiende por modernidad líquida el nuevo movimiento social que sustituye a la posmodernidad, y que se caracteriza por adaptarse en su ética y valores, a cualquier tipo de pensamiento, al igual que un líquido se adapta a cualquier tipo de recipiente.

La familia como primer sistema social de referencia

Un padre y una madre unidos en matrimonio, tomados de la mano y paseando con sus hijos en brazos, van a ser el gesto más revolucionario e intrépido en este decadente siglo XXI[4].

Con esta inquietante afirmación comenzamos el apartado donde nos toca reivindicar el lugar que ocupa el matrimonio y la familia como garante de la sociedad, pues todas las involuciones defendidas por la ideología de género sobre la negación de la biología más elemental, la historia de la civilización humana y sus formas de organización social gregarias, acaban en un ataque frontal a este organigrama biológico básico, el que nos ha protegido física y emocionalmente como especie, y el que constituyendo el principal nido social de referencia, nos forma la personalidad y nos da sentido de identidad, arraigo y pertenencia.

Como seres relacionales necesitamos formar parte de redes o sistemas donde poder desarrollar relaciones significativas que otorguen sentido a nuestras vidas. Por ello el valor social de la familia es innegable, constituye la célula básica de la sociedad y el primer marco relacional de todo ser humano. Su trascendencia es absoluta pues en ella las personas adquieren las claves formativas con las que tendrán que desarrollarse en sociedad. Todos los conceptos y pautas para que un ser humano se desarrolle emocionalmente

> El valor social de la familia es innegable, constituye la célula básica de la sociedad y el primer marco relacional de todo ser humano

4 G.K. Chesterton

equilibrado, tanto en su mundo interior como en su red social de relaciones, se aprenden en el contexto de la familia, hasta tal punto que podemos afirmar que la familia, como extensión natural del matrimonio, es el destino de la persona. La primera y principal imagen que los niños tienen sobre cómo funciona el universo es su hogar, su familia. Ese es el ámbito en el que se forman sus conceptos de realidad, amor, responsabilidad, pautas de comportamiento y libertad.

Sin embargo la desintegración de la familia y la nula valoración del concepto de matrimonio, son una triste evidencia de un modelo social que hace agua por todas partes. Ahora estamos recogiendo los frutos amargos de una siembra donde no se plantaron los conceptos troncales de la educación (valores, normas, afectividad, disciplina). Vivimos en una sociedad donde hemos "roto la baraja" en todos estos aspectos de una ética normativa. La apertura hacia los derechos del "individuo" ha restado valor al concepto de compromiso y entrega, como consecuencia, el matrimonio y la familia, son las primeras víctimas de esta sociedad líquida y mutante más preocupada en los derechos personales y en la independencia del individuo, que en la búsqueda de relaciones estables y significativas. Hasta hace unas décadas, el enfoque de la sociedad era familiar, pero desde que los conceptos del marxismo cultural y la modernidad líquida entraron en escena, el enfoque es al individuo, desde el egoísmo, el hedonismo y la independencia.

Es evidente, frente a un ataque tan directo y frontal, que hay que defender y reivindicar nuestros valores y creencias, y debemos hacerlo con valentía, conscientes de que: *la principal célula de resistencia contra la tiranía, va a ser la familia*[5].

Como seres relacionales necesitamos formar parte de redes o sistemas donde poder desarrollar relaciones significativas que

---

[5] G.K. Chesterton.

den sentido a nuestras vidas. El primer sistema de relaciones interpersonales ya hemos dicho que es la familia como extensión natural del matrimonio[6]. El valor social del matrimonio y la familia está fuera de toda duda, no podemos disociar familia de sociedad. El matrimonio forma parte indispensable del plan estratégico de Dios para que la humanidad se desarrolle conforme al mandato cultural de Gn.1:28, *Fructificad y multiplicaos; llenad la tierra y sojuzgadla*. Este versículo es de suma importancia para entender que el primer encargo divino, el primer mandato al hombre y a la mujer, es el "ministerio" al matrimonio y a la familia. Por tanto dentro de ese orden y de ese plan preestablecido, una de las primeras cosas que Dios hace es fundar la institución del matrimonio como garante de ese llamado inicial.

La Biblia en clave familiar

Siempre hemos afirmado que la Biblia se interpreta en clave familiar, pues cuando circunscribimos la relación de pareja al marco de la Palabra de Dios, vemos que todo en la Biblia se relaciona con el concepto de matrimonio y familia, todo en la Biblia pues, se interpreta en clave familiar. Dentro del contexto de la creación, se sucede el mandato cultural a la multiplicación de la raza humana para poblar la tierra (Gn.1:28), sobre esta declaración, se sucede la creación de Eva como respuesta a la soledad de Adán, constituyendo así la primera pareja de la historia (Gn.2:18), la formación de la propia institución del matrimonio viene inmediatamente después (Gn.2:24), y

---

[6] *Matrimonio* deriva de la práctica del derecho romano *matri-monium*, se refiere al derecho que adquiría la mujer para ser madre dentro de la ley, asumiendo que ese marco legal incluía a un hombre y a una mujer. *Patrimonio patrimonium* en principio designaba el derecho del hombre a ser el heredero legal de todos los bienes de la familia, en detrimento de la mujer. Posteriormente evolucionó y paso a ser el conjunto de bienes de ambos o de la familia.

el propósito que la intimidad tiene como fruto y fin principal de la relación matrimonial se da en Gn.2:25. Finalmente el proceso culmina con la promesa hecha por Dios a Abraham en el denominado pacto abrahámico, donde le asegura que en él serán benditas todas las familias de la tierra (Gn.12:1-3). La promesa que Dios le hace a Abraham sobre que será una nación grande, pasa por la bendición de la familia, pues esta, está involucrada en el llamamiento, las promesas y el propósito de Dios para las naciones.

Una vez establecidas, dentro del contexto creacional, las bases del matrimonio y la familia, en la historia del pueblo hebreo, de la nación de Israel y en la venida del Mesías, seguimos observando cómo todo se sigue desarrollando en clave familiar. Deuteronomio 6 es un capítulo fundamental para comprender la importancia de la familia en el desarrollo del pueblo de Dios. Es uno de los pasajes bíblicos que todo judío debía portar sobre su frente y brazo, en una pequeña cajita de cuero denominada filacteria[7]. En las sucesivas deportaciones que el pueblo hebreo sufriría a lo largo de la historia, la única forma de no olvidar su identidad como pueblo escogido por Dios, radicaba en la importancia de que en el entorno de sus hogares, los padres, trasmitieran el depósito de la fe a sus hijos. Así la familia se constituía por derecho propio en auténtica iglesia doméstica, garante de su historia e identidad:

Y estas palabras que yo te mando hoy, estarán sobre tu corazón; y las repetirás a tus hijos, y hablarás de ellas estando en tu casa, y andando por el camino, y al acostarte, y cuando te levantes. Y las atarás como una señal en tu mano, y estarán como frontales entre tus ojos; y las escribirás en los postes de tu casa, y en las puertas.[8]

---

[7] Bajo una interpretación literalista de dicho pasaje, ellos portaban la Palabra de Dios sobre sus frentes y brazos.

[8] Dt.6:6-9.

Posteriormente y durante toda la historia del pueblo hebreo y hasta la formación de la nación de Israel, la estructura familiar fue de central importancia, llegando el mismo Dios a comparar la relación con su propio pueblo en términos conyugales[9]. Finalmente las últimas palabras del AT también aluden a la familia, pues finaliza este en el libro de Malaquías, con una profecía sobre la restitución futura del orden familiar con la llegada del Mesías prometido: *El hará volver el corazón de los padres hacia los hijos, y de los hijos hacia los padres, no sea que yo venga y hiera la tierra con maldición[10]*.

Ya en el Nuevo Testamento vemos cómo el evangelio de Mateo comienza con la genealogía y familia del propio Jesús, quien entra en la escena de la historia humana a través del orden natural establecido por Dios: la familia. Más adelante y en las cartas a Timoteo y Tito, donde se mencionan los requisitos para quienes aspiren a posiciones de liderazgo, en ambos casos estos pasan por el hecho de que el candidato posea una familia y unos hijos en sujeción[11]. Es decir que la prueba de integridad y autoridad residía en el buen funcionamiento de la estructura familiar. Y así el Nuevo Testamento también finaliza en el libro de Apocalipsis, en clave familiar, pues en la Segunda Venida al final de los tiempos, la relación de Cristo con su Iglesia es de orden marital,

> Todo en la Biblia está escrito en clave familiar, y por ello el matrimonio y la familia es y seguirá siendo por derecho propio, la célula básica y troncal de toda sociedad o civilización desde el principio de los tiempos y aun más allá del final de los mismos. Es el pasado, presente y futuro de la humanidad

---

[9] Os.2.
[10] Mal.4:6.
[11] ITim.3:2; Tit.1:6.

Cristo vuelve a por su novia y la historia culminará con las bodas del Cordero[12].

Toda esta sucesión de acontecimientos, no dejan lugar a dudas de que el matrimonio y la familia es el vehículo que Dios está utilizando desde el principio para llevar adelante su plan. Repetimos, todo en la Biblia está escrito en clave familiar, y por ello el matrimonio y la familia es y seguirá siendo por derecho propio, la célula básica y troncal de toda sociedad o civilización desde el principio de los tiempos y aun más allá del final de los mismos. Es el pasado, presente y futuro de la humanidad.

Tipos de familia hoy y su diversidad social

Este ideal de vida que Dios nos marca con la fundación del matrimonio y la familia en el contexto de la creación en Génesis, al comenzar a encarnarse en el contexto cultural de la civilización, comienza a sufrir alteraciones y cambios. De nuevo: el ideal choca con la realidad. Aquí hacemos un alto. No es nuestra pretensión restar valor a aquellas parejas o familias que pareciera que no cumplen "el estándar de familia natural" (padre, madre e hijos), por alguna de las causas siguientes: madres o padres solteros, madres o padres viudos, divorciados que se han quedado solos o divorciados que se han vuelto a casar. El propósito del libro no es cuestionar la legitimidad o no de dichas familias, de hecho validamos[13] su constitución o situación siempre que se dé (al menos en el caso de las familias reconstituidas) desde un pacto matrimonial legislado y desde la heterosexualidad. Conocemos madres solteras[14] o divorciadas que no se han vuelto a casar, y

---

[12] Ap.19.

[13] Habida cuenta de que no podemos generalizar y cada caso es particular y debe ser valorado conforme a sus circunstancias personales y a la luz de la Palabra.

[14] Aunque en menor medida, también puede haber hombres en esta situación.

que son auténticas heroínas anónimas que desde su soledad, están sacando a sus hijos adelante con mucho esfuerzo. Todo nuestro apoyo para cada una de ellas y esperamos que gran parte de los principios que vamos a desarrollar, los puedan aplicar a su situación particular.

Retomamos, desde el principio de los tiempos y especialmente en las últimas décadas, la aceleración en los cambios sociales ha sido vertiginosa. La ética bíblica hace tiempo que dejó de ser el principio rector, de tal forma que hoy en día no podemos tener una definición "cerrada" de familia tal y como se ha entendido hasta la década de los 80, es decir: padre, madre, hijos y familia extendida (abuelos, tíos, primos, etc.). La nueva realidad social abre la puerta a numerosas formas de entender el concepto de familia, algunas de ellas, cada vez más alejadas de los parámetros bíblicos.

> La nueva realidad social abre la puerta a numerosas formas de entender el concepto de familia, algunas de ellas, cada vez más alejadas de los parámetros bíblicos

Bajo una perspectiva dentro de la historia bíblica, vemos cómo la estructura familiar fue variando su composición. En la época patriarcal se entendía bajo el concepto de clan, que incluía la convivencia del padre como patriarca[15], sus propios hijos y al menos la generación siguiente de estos, junto con los esclavos que eran considerados parte de la familia[16]. Dichos

---

[15] El padre de familia, al mezclarse el pueblo hebreo con otros pueblos paganos y sus costumbres, desoyendo el mandato bíblico, podía tener varias esposas, aunque la poligamia nunca fue el plan original de Dios y el propio Jesús la desaprueba. Mt.19:8.

[16] El término familia proviene del latín famulus (sirviente, esclavo). En tiempos antiguos la familia comprendía todos los miembros consanguíneos, implicando una unidad doméstica entera incluyendo a los criados que vivían bajo el mismo techo.

clanes formaban las tribus que eran agrupaciones de familias unidas mayormente por lazos de parentesco y consanguineidad. Así, con la familia como principal sistema, las 12 tribus formadas por los hijos de Jacob, acabaron conformando la nación de Israel. Clan, tribu, nación. Con el paso del tiempo muchas funciones educativas fueron traspasadas al ámbito de la legislación civil a medida que las sociedades se iban organizando. La propia organización arquitectónica de las ciudades limitó el espacio vital de convivencia, que añadido a la transformación social en la normalización de asuntos como el divorcio, el enfoque laboral y el abandono de la maternidad como prioridad familiar, fue provocando la evolución de la familia extensa, hacia el concepto de familia nuclear.

Hasta la década de los ochenta el modelo familiar normativo era el constituido por la familia tradicional, o más exactamente por la familia natural[17], compuesta por los padres, los hijos y en la mayoría de ocasiones por los familiares en su primera generación (abuelos, tíos). A partir de la revolución sexual a final de los años sesenta y de la llegada de la posmodernidad en los ochenta, se producen cambios estructurales en el concepto de lo que es familia. El cambio más drástico, no es un cambio de continente (número de miembros que la forman) sino de contenido (quiénes la pueden formar). No se trata de variar el número de los miembros del entorno familiar, sino de ampliar a otros supuestos distintos al de pareja heterosexual, la propia concepción natural del concepto de pareja. Es decir, los nuevos modelos familiares se caracterizan por la pluralidad de formas de convivencia no sujetas a ninguna restricción moral o ética. Esta nueva realidad abre la puerta a un amplio abanico de formas de convivencia familiar, con las que podemos no

---

[17] Nos resistimos a utilizar el término "tradicional" pues entendemos que la familia mal llamada tradicional no lo es por imposición de la cultura (tradición) sino por la propia voluntad de Dios. Preferimos utilizar "familia natural".

estar de acuerdo, pero que en muchos países ya tienen carta de legalidad, y por tanto debemos conocer y respetar, aunque no las compartamos.

Clasificación histórica de la familia y nuevos modelos familiares

Históricamente la familia se ha clasificado en tres grandes ramas:

- *Familia extensa o polinuclear*. Formada por el clan familiar incluyendo varias generaciones. Propia de la época patriarcal y de la cultura oriental, donde el padre de familia ostentaba la autoridad manteniendo la unidad familiar, que se extendía a las familias de sus hijos y aun a las familias de los esclavos que estaban a su servicio. Con el paso del tiempo fue reduciéndose en su contenido hacia el concepto de familia nuclear.

- *Familia nuclear*. Más reducida, incluye a padres, hijos, y si cabe a los abuelos. Llegó con la revolución sexual de los años 60, que provocó la emancipación de la mujer y su incorporación al mundo laboral, reduciéndose de esta forma el número de hijos por familia, y normalizándose las instituciones de la tercera edad u hogares de ancianos.

- *Familias postnucleares*. Es el nuevo concepto de familia producto de la sociedad posmoderna y la modernidad líquida, donde ya no hablamos de un cambio de continente (mayor o menor número de miembros) sino de un cambio de contenido, pues se varía la propia concepción del concepto de pareja o matrimonio, abriendo la puerta a otras formas de convivencia.

Bajo estas estructuras históricas mencionadas, pasamos a enumerar los nuevos modelos de familia que hoy existen:

- *Familias monoparentales.* Formadas por solo uno de los progenitores y por los hijos. No nos referimos tanto a personas que se hayan quedado viudas y al no volver a casarse no tengan otro remedio que vivir la "uniparentalidad" como algo impuesto, sino a personas (mayormente mujeres) que deciden vivir la maternidad o la adopción, sin plantearse ningún tipo de unión estable con su pareja y prefiriendo como familia el modelo monoparental.

- *Familias reconstituidas.* Aquellas parejas que se forman después de divorcios o rupturas anteriores y aportan al nuevo matrimonio los hijos habidos en sus relaciones pasadas.

- *Familias formadas por parejas de hecho.* Aquellas parejas que conviven "de hecho" pero no han legalizado su situación como matrimonio "de derecho", pues de hecho conviven aunque no hayan constituido un matrimonio legalizado vía civil o eclesiástica.

- *Familias homoparentales.* Aquellas familias compuestas por parejas del mismo sexo y que ya en muchos países cuentan con reconocimiento legal y con la posibilidad de adoptar hijos.

- *Familias comunitarias.* Se trata de "familias" formadas por jóvenes que desarraigados de su hogar o familia origen, se emancipan y viven agrupados formando comunidades o tribus urbanas.

- *Familias genéticas.* Familias formadas por la manipulación genética. Si la ciencia en este campo sigue su avance sin una clara regulación ética, podrían darse en un futuro cercano familias a la carta, donde los progenitores elijan las características de sus futuros hijos y donde se abra la puerta al mercado de los niños probeta, y a otras posibilidades como la maternidad subrogada, etc.

- *Familias líquidas.* Se trata de familias con vínculos poco estables e identidades diversas, donde sus miembros pueden adoptar distintas identidades a tenor de sus estados de ánimo particulares. Este tipo de familias pueden tener hijos, o aun adoptarlos, sin otorgarles ninguna clasificación de género predeterminada, en espera de que al ir creciendo ellos mismos decidan con qué tipo de género se identifican[18].

Occidente: *la decadencia de Europa y la esperanza de Latinoamérica*

Vivimos tiempos complicados donde los pilares de la civilización Occidental están siendo removidos, las bases judeocristianas de Europa están siendo negadas, mientras los nuevos conceptos del marxismo cultural y de la ideología de género están siendo impuestos en las políticas de la mayoría de sus países. Nunca en la historia de la humanidad, ni siquiera las ideologías nazis o los regímenes comunistas más severos, se había logrado imponer a extremos como los que hoy empezamos a vivir, una ideología con pretensiones de destruir al ser humano en sus bases ontológicas, y a la familia en sus bases teológicas.

Por otro lado, y mientras la población autóctona europea envejece al no existir reemplazo generacional debido a las políticas abortistas y anti-familia del feminismo radical y su círculo de influencia, sumado a la llegada de millones de inmigrantes y refugiados de otras culturas que todavía mantienen

---

[18] Dentro de la absoluta permisividad y falta de límites de nuestra cultura de la modernidad líquida, nos vemos obligados a mencionar uniones extremas que están consiguiendo reconocimiento para ser aceptadas como nuevas formas de matrimonio. Nos referimos a personas que se han casado con objetos inanimados (casas, piedras, automóviles, etc.), en lo que se denomina "objetofilia", o personas que se han casado con animales en lo que ya se denomina la ley de zoofilia igualitaria, o el concepto de polimatrimonio donde 3 o más personas se casan. A partir de aquí y cuando las puertas están abiertas de par en par, asistiremos a toda clase de uniones, muchas de ellas aberrantes, pero que acabarán teniendo carta de legalidad.

la estructura familiar natural y por lo tanto se multiplican a un ritmo constante, provoca que desde ambos frentes se esté contribuyendo a fragmentar y debilitar la identidad de nuestros países. Sin que de ello se infiera un rechazo a la integración de otras culturas que asuman la tradición judeocristiana de Europa, sí que resulta particularmente peligrosa la radicalización de grupos islámicos que se sienten históricamente oprimidos por Occidente, y que de forma paralela a la comisión de atentados, presentan otro tipo de sutil lucha silenciosa, lanzando proclamas del tipo *la conquista de Europa no será por las armas sino por las barrigas*. La decadencia de nuestra cultura se sucede a marchas forzadas, unos niegan la familia y la maternidad para conseguir sus objetivos, y otros las utilizan para conseguir los suyos.

Por todo ello, queda demostrado que la persecución desde frentes tan opuestos como el radicalismo islámico y especialmente las doctrinas impositivas de la ideología de género, se centra principalmente en la población cristiana y particularmente en el ataque a la familia natural. La imposición de las leyes de adoctrinamiento en las escuelas junto con la pérdida de potestad de los padres sobre sus propios hijos, añadido a la merma de los derechos fundamentales de expresión, y sumado al hecho de profesar ser cristianos que defienden la vida y la familia, nos coloca en el punto de mira del movimiento LGTBI. Ahora los cristianos estamos en la disidencia y por el hecho de defender la heterosexualidad, la maternidad y la familia ya somos sospechosos. De no cambiar la situación en Europa, pronto tendremos que sufrir la realidad de vivir al margen de las leyes impuestas.

La caza del disidente y del heterodoxo irá acompañada de las restricciones a la libertad de expresión, el adoctrinamiento en las escuelas y la búsqueda de un chivo expiatorio, un culpable recurrente, el culpable de que aún no estemos en ese futuro luminoso de felicidad total que nuestros líderes nos prometían. Tradicionalmente ese papel lo han cumplido en Europa los judíos: se les podía echar la culpa de todo…, los cristianos, con el mensaje bíblico "hombre y mujer los creó", siempre serán incómodos para la ideología de género. Su insistencia en la verdad, en vez de someterse al mero sentimiento, hará que la nueva ideología oficial los intente silenciar, insultándolos, desacreditándolos, dividiéndolos, manipulándolos[19].

Todo lo mencionado nos lleva a la conclusión de que Europa es un continente que vive un auténtico invierno demográfico, con una baja tasa de natalidad, donde no hay reemplazo generacional, y mientras que la población envejece, la cultura del aborto contribuye a todo ello asesinando cada año a millones de niños no nacidos. Lo que le está ocurriendo a la familia europea es que se está transformando como consecuencia de los cambios demográficos, socioeconómicos y sobre todo por la ausencia de valores normativos y la imposición de leyes claramente restrictivas y contrarias a la familia natural. Así junto a las fórmulas tradicionales, están apareciendo otras nuevas, entre las cuales las familias o uniones monoparentales van en aumento a medida que crece el número de divorcios o separaciones en parejas casadas o en parejas de hecho. Esto trae graves consecuencias para la educación de los hijos, pues muchos crecen en hogares rotos, otros en familias monoparentales[20], y otros en familias homoparentales, siendo educados por dos hombres o dos mujeres. La estructura familiar hace aguas por todas partes y los daños colaterales afectan a los hijos como primeras víctimas involuntarias.

Latinoamérica sin embargo todavía mantiene la estructura familiar tradicional siendo la mayoría de sus países más conservadores en cuanto a defender el matrimonio heterosexual y

---

[19] Fuente: internet religión en libertad "Como responder a la ideología de género, hablan los expertos".

[20] No pretendemos estigmatizar a las familias monoparentales o reconstruidas pues todos los modelos familiares mencionados tienen carencias, pero el ideal que la Palabra nos propone es la familia compuesta por un hombre y una mujer, con el añadido de los hijos habidos en dicha relación.

> La estructura familiar hace aguas por todas partes y los daños colaterales afectan a los hijos como primeras víctimas involuntarias

resistirse a los postulados de la ideología de género. Esto propicia y favorece que la familia natural: padre, madre e hijos, siga siendo el modelo claramente mayoritario. Con esta realidad se dificulta la aprobación y normalización del aborto, el feminismo radical, el matrimonio homosexual, etc., que si bien son reivindicaciones que están llegando con fuerza a toda Latinoamérica, encuentran mayor resistencia y oposición que en Europa.

Es cierto que dentro de ese modelo heterosexual conservador, no todo ha sido positivo pues se han dado muchos rasgos de un machismo ancestral cuyas raíces las tenemos que buscar en los patrones familiares malsanos que se establecieron durante la conquista del Nuevo Mundo. En cuanto a la estructura familiar, se dieron circunstancias muy particulares que comenzaron con el hecho de que la Corona Española prohibió que mujeres y niños viajaran en las primeras expediciones hasta que ciertas condiciones de paz, seguridad y habitabilidad fueran establecidas. Dichas condiciones tardaron años en establecerse y esto provocó que la incontinencia sexual de los hombres, facilitara el uso y el abuso de las mujeres indígenas, en lo que José L. González llama: *el desorden sexual del mestizaje ilegítimo*[21], que sin duda propició una cultura machista donde el varón perpetuó patrones de infidelidad y dominio de la mujer que se instalaron casi genéticamente en la cultura latinoamericana.

Explicamos esto para diferenciar que el modelo de familia y matrimonio heterosexual en Latinoamérica tiene dos

---

[21] Para mayor información sobre este tema ver González, José L., *Machismo y Matriarcado*, SEMILLAS, México 2012.

vertientes[22]. Por un lado la cultura religiosa y tradicional cristiana, que provocó una masa nominal impregnada del machismo mencionado, y que además se reforzó bajo una pésima interpretación de los conceptos de cabeza, autoridad y sometimiento[23]. Por otro lado están las familias cristianas de hombres y mujeres convertidos y transformados por la Palabra de Dios, que realmente marcan una diferencia despojándose de los patrones culturales erróneos. Esto, unido al hecho del mayor porcentaje de población cristiana respecto a Europa, permite que la presencia de creyentes en general, tenga poder de convocatoria y capacidad para incidir en leyes y asuntos de gobierno. Es lo que está ocurriendo con el tema del aborto, el matrimonio homosexual y otros, incluidos en la ola de la ideología de género, que están siendo contenidos en su aprobación legal y normalización social. Por tanto, Europa está en vías de convertirse en un continente fallido, y creemos que la esperanza está en Latinoamérica como reducto de la cultura judeocristiana Occidental.

Como reacción a todo lo dicho, creemos que en primer lugar y ante la destrucción evidente de los fundamentos de la familia natural tal y como Dios la diseñó, el lema "piensa globalmente, y actúa localmente" refuerza el versículo central del libro de los Hechos, donde se nos anima a ir desde Jerusalén hasta lo último de la tierra[24]. Por ello nos toca aportar nuestro granito de arena desde nuestra Jerusalén local, definiendo y defendiendo la familia, la paternidad, y sobre todo la educación y el futuro de nuestros hijos.

---

[22] En Europa también se dieron estas dos vertientes que mencionaremos, pero en Latinoamérica de forma más acusada debido al desorden sexual del mestizaje ilegítimo mencionado.

[23] Mal uso que también se dio en Europa, pero creemos que en mayor medida en Latinoamérica por ese machismo derivado del desorden sexual y del abuso de la mujer, como triste herencia de la conquista española. Asimismo para ampliar el uso incorrecto de los términos, cabeza, sometimiento y autoridad, consultar nuestro libro *Tu matrimonio sí importa*, CLIE, Barcelona 2012.

[24] Hch.1:8

Preguntas para la reflexión

La realidad social hoy

1. Hablad como pareja sobre los valores sociales en los que fuisteis educados, ¿en qué sentido son diferentes a los valores de la sociedad actual?

2. Compartir vuestros valores como familia ante la realidad social de la "modernidad líquida". ¿De qué forma nos pueden influir en nuestra vida familiar? Como padres y de forma práctica, ¿qué diques de contención podemos poner a nuestros hijos que se están educando en esta nueva sociedad donde vivimos?

3. ¿Cuáles serían las dificultades añadidas que enfrentan las familias monoparentales, o las familias reconstituidas?

4. Como padres, ¿cómo podemos contrarrestar en casa la influencia que nuestros hijos reciben con la imposición de la ideología de género en las aulas?

5. Dado que la Biblia para muchos hoy día es un libro obsoleto, ¿cómo mostrar su autenticidad en nuestra práctica de vida como familia?

6. Dialoguemos sobre las diferencias prácticas al educar conforme a los valores de la Palabra.

1ª PARTE
Recibiendo

CAPÍTULO I

Ser padres hoy: ¡Misión posible!

Los hijos: *un encargo divino*

El Salmo 127 se constituye en sí mismo como uno de los salmos con mayor proyección en cuanto al hogar y los hijos. Si no somos capaces de construir nuestros hogares y edificarlos sobre la base de la Palabra de Dios, en vano trabajamos como constructores. Otras versiones dicen: *en vano trabajan los albañiles*, y esto nos da la idea de que nuestros hogares se constru- yen ladrillo a ladrillo, en todo un proceso de edificación. Sobre la base de un hogar es- table nos viene la promesa de los hijos como una herencia dada directamente por Dios: *Herencia de Jehová son los*

Desde el momento en que nuestros hijos nacen, comienza un lento camino a la independencia, hasta que un día vuelen del nido para comenzar a escribir su propia historia *hijos*[25], pues estos no nos pertenecen, son de Dios y Él nos los confía por un corto espacio de tiempo para que los eduquemos y los soltemos, se los devolvamos. Desde el momento en que nuestros hijos nacen, comienza un lento camino a la independencia, hasta que un día vuelen del nido para comenzar a escribir su propia historia. Para ese vuelo y esa proyección los padres tenemos la gran responsabilidad de dirigir bien sus vidas a fin de lanzarlos como *saetas en manos del valiente*[26], en la dirección correcta, habida cuenta de los peligros que entraña la sociedad líquida que venimos describiendo.

El tiempo para invertir en ellos es hoy, y lo más importante a resaltar, es que nadie nos puede sustituir en nuestro papel de padre o madre. Es en este rol y responsabilidad, donde como padres somos insustituibles. En nuestro trabajo nos podrán sustituir, alguien lo podrá hacer por ti y no pasará nada pues no somos imprescindibles, pero en nuestro hogar, y en nuestros papeles de padre y madre sí somos imprescindibles e irreemplazables. Para nuestros hijos somos únicos e insustituibles y tenemos la responsabilidad y el privilegio de estar presentes, mientras ellos tienen la necesidad y el derecho de que estemos, ¡para eso somos sus padres!

Se cuenta la historia de un hombre de negocios que todos los días al llegar del trabajo le llevaba a su hijo un costoso regalo, que le entregaba al llegar a casa, tras lo cual se encerraba en su despacho para seguir trabajando. Un día el hijo con apenas 8 años le preguntó a su padre: "Papi cuanto ganas a la hora?", a lo que su padre extrañado le respondió: "Bueno, hijo, no estoy seguro, quizás 100 dólares…", al día siguiente el jovencito le entregó a su padre 50 dólares mientras le decía: "Papi quiero comprar media hora de tu tiempo", y es que nuestros hijos cuando sean mayores no recordarán lo que les regalamos, pues

---

[25] v.3
[26] Sal. 127:4

ningún regalo puede ser un sustituto de nuestro tiempo con ellos, no recordarán las marcas de sus ropas, o el diseño exclusivo de sus juguetes, pero sí el tiempo de calidad que hemos pasado juntos, los momentos de juego, las aventuras vividas juntos, experiencias únicas que quedarán grabadas para siempre. El tiempo con nuestros hijos es nuestra mejor inversión, tiempo a cada uno en particular, nunca debemos sustituir tiempo por regalos, los hijos no quieren lo que les podamos dar, simplemente nos quieren a nosotros.

El privilegio de la paternidad

En la década de los 90 pastoreábamos una iglesia en la bonita isla de Mallorca. Cada día regresaba a casa cansado y lo único que me apetecía era sentarme en el sofá a desconectar viendo un poco la televisión. El caso es que había un pequeño niño que esperaba a su papi para que le contara un cuento antes de dormir. Algunas ocasiones consentía a regañadientes, como quien cumple una obligación, hasta que un día el Señor me puso las cosas claras. Una noche mientras dormía, soñé que llegaba a casa cansado y cargado, mi hijo estaba ya en su camita esperando que papi le contara el cuento, lo arropara y le diera un beso y oración de bendición. Sin embargo al llegar a su habitación yo le decía: *Hijito hoy estoy muy cansado, ya te contaré el cuento mañana,* y me iba al salón.

Siempre en el sueño, me despertaba a la mañana siguiente y cuando iba a la habitación de Noel, de repente ya había crecido, se había hecho un adolescente y no quería "cuentos" ni abrazos de su padre. Ya era tarde, lo había perdido.

Ese sueño, profético para mi vida en aquel entonces, me hizo volver a la realidad y ser consciente de que el tiempo de la niñez es fugaz, pasa demasiado rápido, y ya no vuelve atrás. Yo había caído en el error ministerial de gastar mi tiempo y energía en ser luz, en ser sacerdote para otros, mientras mi casa, si no prestaba atención, corría el riesgo de quedarse a oscuras: *Me enviaste a guardar viñas y la viña que era mía no guardé*[27]. Qué importante cuidar nuestro hogar, nuestra familia como nuestra primera iglesia y principal prioridad.

Desde aquel sueño también fui consciente del alto privilegio que tenía cada día con mi hijo. Ya no perdí más tiempo y a lo largo de sus años de infancia, fue un auténtico placer y todo un privilegio crear junto a él pequeños momentos de intimidad compartida. Aún recuerdo su sonrisa cómplice y su emoción cuando comenzaba a contarle el cuento, despertando su fantasía y la magia de su imaginación. A veces se quedaba dormido en mi hombro. Pequeño y frágil en su ingenuidad infantil, vulnerable y confiado, en aquellos momentos yo era su mundo y su completa seguridad. Yo, su padre. Por todo ello los hijos son encargos divinos que Dios nos confía para que los recibamos, los formemos y los enviemos. En la última parte del libro ahondaremos más en estos conceptos pues como veremos el mayor legado y la mayor herencia no consiste en "darles" sino en "darnos".

Los que somos padres y tenemos hijos ya adolescentes o adultos, nos damos cuenta de la rapidez con la que nuestros hijos crecen, parece que fue ayer cuando los podíamos tener en nuestros brazos, cuando los bañábamos, cuando empezaron a dar sus primeros pasos, decir sus primeras palabras, pero, ¡cuánto ha llovido desde entonces! Cuántas

> Los hijos son encargos divinos que Dios nos confía para que los recibamos, los formemos y los enviemos

---

[27] Cant.1:6

vivencias, experiencias, cuántas alegrías y tristezas vividas al lado de nuestros hijos, cuántas risas y lágrimas que como padres hemos tenido que vivir, gozar, sufrir.

En mi despacho, conservo plastificada una hoja con un mensaje muy importante para mí como padre, se trata de un dibujo que hace muchos años me regaló nuestro hijo cuando regresé de un largo viaje ministerial. En el centro hay un gran corazón en cuyo interior pone: Noel + Juan + María del Mar = AMOR, pero la frase con la que comienza es la que realmente aún hoy sigue cautivando mi corazón: ¡*Bienvenido! Hola papá, te quiero, no sé cómo expresarme de tanto quererte, cuando tú te vas es como si yo no existiera..., te dejo esta carta con mucho amor. Tu niñito Noel.* Cada vez que lo veo, efectivamente me parece que fue ayer, y hoy con nuestro hijo ya adulto, me doy cuenta de que el tiempo pasa muy rápido y no vuelve, de forma que estemos presentes en sus vidas tanto como nos sea posible, especialmente en los momentos cuando necesitan compartir con nosotros las experiencias que para ellos son importantes, cuando tienen alguna vivencia nueva, cuando dudan sobre algún aspecto de su vida, o cuando simplemente necesitan el calor de nuestra presencia a su lado, pues somos nosotros su fuente de estabilidad emocional y espiritual.

Un día escuchamos la siguiente frase: *Los hijos son ejemplares únicos y tienen solo una oportunidad en la vida, no se puede pensar que si sale mal habrá otra oportunidad para ellos. Habrá oportunidades de arreglar o compensar lo deteriorado, pero no de poner otro fundamento*[28]. Y es cierto, el tiempo para actuar es hoy, el tiempo para informarnos, para formarnos, para reconocer, para cambiar, para hacer, es hoy. Es por todo ello, querido lector, que te felicitamos por el interés en este tema, pues al

---

[28] Solá, David, *Educar sin Maltratar*, Tyndale, p.17, Barcelona 2002

hacer tuya la lectura de este libro nos estás comunicando que tus hijos SÍ te importan.

Los padres como educadores: *desde un trozo de barro*

Hace muchos años, cuando estudiábamos en el seminario, realizábamos una gira anual con el coro para ofrecer conciertos de adoración por distintas ciudades de España. En una ocasión cuando estábamos en la ciudad de Jerez de la Frontera, pasamos al lado de una fábrica de cerámica en cuya puerta había la siguiente inscripción: *Oficio noble y bizarro entre todos el primero, pues en las artes del barro, Dios fue el primer alfarero y el hombre el primer cacharro.* Esas palabras constituyeron para nosotros toda una analogía sobre como Dios trabaja y modela el barro de nuestras vidas. Adán significa "tierra roja" y así como Dios modeló y formó al hombre y a la mujer partiendo del barro, nosotros como padres tenemos la misma responsabilidad. Partiendo de un "trocito de barro" que Dios nos entrega cuando nos concede un hijo, nosotros como padres tenemos la enorme responsabilidad y el gran privilegio de, en los años impresionables de la niñez, ir dando forma a la blanda y frágil personalidad de nuestros hijos. Esos años moldeables donde vamos formando esa figura cuyo barro se va endureciendo en la pubertad y adolescencia, para que finalmente en la edad adulta, quede fijada la figura de su personalidad para el resto de sus días.

También los padres como modeladores del barro de nuestros hijos, debemos ser conscientes de que en el hogar no solo se aprende lo que se enseña sino que también se aprende "lo que no se enseña". Vamos a explicarnos. Por ejemplo, si en el hogar queremos enseñar sobre el respeto, somos los padres los que tenemos que enseñar respetándonos a nosotros mismos, a nuestro cónyuge y a nuestros hijos, es eso lo que nos va a dar autoridad para demandar esa misma actitud en ellos. Pero si por el contrario los propios padres se faltan al respeto, mientras que les hablan a sus hijos de cariño y amor, ¿qué es lo que en realidad les estamos enseñando? Ellos reciben los hechos antes que las palabras, e indirecta e involuntariamente al no demostrarnos respeto mutuo, les enseñamos cierto grado de maltrato y desconsideración.

Los padres afectamos a nuestros hijos en formas que durarán para toda la vida. Es por ello que hablamos de la paternidad, como una de las responsabilidades más grandes que tenemos, a la vez que se constituye en uno de los privilegios mayores a los que podemos aspirar en esta vida. Como padres hemos sido llamados a construir una familia, pero una familia que sea hogar, y de alguna forma es como construir una casa, debemos desarrollar unos planos, ¿qué queremos construir? ¿Cuándo ser padres? ¿Cuántos hijos queremos tener? Qué importante es que la pareja hable de sus sueños, metas y propósitos. Para construir familias y hogares también debemos seguir unas directrices porque los primeros responsables de la obra llamada familia, somos los padres, a nosotros nos corresponde tener claro qué queremos edificar, qué fundamento vamos a poner y qué pasos vamos a dar para que esa construcción se lleve a cabo con pilares sólidos.

Nuestra paternidad va a estar siempre muy marcada por lo que nosotros seamos y hagamos. Vamos a hablar a nuestros hijos, no solo con nuestras palabras, sino mucho más, con nuestra vida (conducta, coherencia, integridad, ejemplo), pues el desafío que los padres tenemos es formar personas,

> El desafío que los padres tenemos es formar personas, educar, enseñar para que ellas un día y en su tiempo, sean capaces de enfrentar la vida por sí solas de una forma madura y responsable

educar, enseñar para que ellas un día y en su tiempo, sean capaces de enfrentar la vida por sí solas de una forma madura y responsable. A medida que escribimos esto somos muy conscientes de la tremenda responsabilidad que tenemos y la necesidad de que sea Dios el centro de esta construcción llamada familia y hogar: *Si el Señor no edifica el hogar, en vano trabajan los que lo edifican.*[29] Sería bueno preguntarnos, ¿qué lugar ocupa el arquitecto divino en tu familia, en tu vida personal?

Un lugar llamado hogar

El hecho de que seamos formadores de hogar al modelar el barro de nuestros hijos, nos hace pensar en la importancia de esta palabra: hogar. Cuando piensas en ello, ¿qué recuerdos o imágenes vienen a tu mente? Hogar viene del latín "focus" que significa fuego, aludiendo a los hogares de antaño donde el fuego se constituía en el elemento unificador de las familias, pues alrededor de él se cocinaba, la familia se calentaba y se sentía protegida, creando así el espacio íntimo para la conversación y las veladas familiares. Alrededor del hogar, en este caso la cocina, también recuerdo que nos bañábamos en aquellos viejos barreños de zinc, porque era allí, al calor del hogar donde la familia vivía.

Nos gusta hacer una diferenciación entre las palabras "casa y hogar". La gran mayoría de las personas viven en una casa, entendiéndose esta como el lugar físico donde se convive. Las casas pueden ser muy diferentes, grandes, pequeñas, con más o menos muebles, mejor o peor decoradas, más o menos cómodas, etc. Eso, al fin y al cabo, es lo circunstancial y hasta pasajero porque hoy podemos estar aquí pero mañana no sabemos lo que el futuro nos deparará. La pregunta sería,

---

[29] Sal.127:1

nuestras casas, ¿son hogares? ¿Hay sentido de intimidad, calor y protección? Hace tiempo, acertadamente, alguien dijo: *Una casa se construye con manos humanas, pero un hogar se construye con corazones humanos.*

Hoy día la vida ha cambiado radicalmente, las casas son mucho más prácticas y confortables que antaño, tenemos todo tipo de aparatos que nos ayudan a hacer la vida más fácil y cómoda, en muchos sentidos,

> Una casa se construye con manos humanas, pero un hogar se construye con corazones humanos

la vida familiar es cada vez más independiente, los niños tienen sus propios cuartos y muchos de ellos prácticamente viven ahí conectados a las redes sociales que les permiten entrar en todos los mundos posibles desde la privacidad de sus habitaciones. Qué paradoja que esta sea la mal llamada "época de las comunicaciones", cuando el aislamiento y la incomunicación son sus frutos principales. En esta difícil realidad, ¿somos capaces de crear hogar? ¿Hay intimidad, relación, confianza? ¿Cómo se sienten nuestros hijos al llegar a casa? ¿Qué ambiente se respira? ¿Hay relaciones de calidad entre el matrimonio y con los hijos?

Los que somos padres tenemos la responsabilidad no solo de tener casas, sino por encima de todo de construir hogares, que haya un ambiente donde cada persona se pueda sentir bienvenida, cómoda, aceptada y amada en su singularidad. Que nuestros hijos quieran, deseen estar en casa, en su hogar porque es ahí donde en primer lugar deberían encontrar gran parte de lo que necesitan: afecto, cariño, afirmación. Lamentablemente muchas casas son como pensiones donde se come y duerme pero donde no hay intimidad ni calor de hogar, huelen a los mejores ambientadores, pero no a café recién hecho, están llenas de confort pero solitarias de risas y llantos de bebé,

55

incluso los niños, cuando los hay, no pueden jugar a sus anchas porque estropean el costoso mobiliario que las decora. Seguro que todos hemos notado esta diferencia. Cuando vamos a una casa por primera vez rápidamente nos damos cuenta si hay "aroma a hogar": calor, intimidad, confianza, respeto, aceptación. Si lo que hay allí te comunica relación, o por el contrario lo que transmite es frialdad e individualismo. Es curioso, a veces las cosas más sencillas vividas en familia, son las que crean lazos afectivos que duran para toda la vida.

Hace poco hablábamos con una amiga profesora de primaria quien nos contó que ese día al salir de clase los niños, uno de ellos se quedó rezagado, y ella se acercó a él para preguntarle si quería algo. Casi con lágrimas en los ojos el niño le dijo: *Por favor, lléveme a su casa, me siento muy bien a su lado, hoy no sé si vendrá mi padre o mi madre a recogerme porque siempre mis padres se pelean.* Triste historia que nos hace conscientes de que los padres tenemos el reto de hacer hogar para nuestros hijos. Donna Hedges dijo: *Tener un lugar para ir es un hogar, tener alguien a quien amar es una familia, tener ambas cosas es una bendición.* El reto es hacer que nuestros hogares sean un lugar de formación donde nuestros hijos aprendan los fundamentos de la vida que a su vez serán sus pilares personales. Es en el hogar, donde se aprende a vivir en comunidad y a aceptar las reglas del juego, porque el hogar es la principal fuente de transmisión de valores. Es cierto que cada familia tiene su propia marca original y cada hogar debe tener su denominación de origen particular, pero lo que no debería faltar nunca, es ese sentido de refugio y descanso, como alguien dijo en

> El reto es hacer que nuestros hogares sean un lugar de formación donde nuestros hijos aprendan los fundamentos de la vida que a su vez serán sus pilares personales

una ocasión: *Lo que más me interesa de todos los lugares de la tierra, es ese lugar llamado hogar...*

Somos producto del pasado, pero no prisioneros

Con esta frase queremos ilustrar la idea de que quizá tu historia familiar no ha sido de las mejores, o aun haya podido ser una infancia u hogar traumático. Lo importante en este caso es atender a la segunda parte de la frase *no somos prisioneros de nuestro pasado*. Aun en medio del dolor que pueda haber en nuestras vidas por el pasado familiar, la buena noticia es que no tenemos porqué quedarnos ahí, aunque nuestra vida haya sido difícil, aunque haya dolido mucho todo lo vivido, podemos ser el comienzo de una generación que marque una diferencia. ¡Qué tremendo reto tenemos por delante! Tú puedes marcar una diferencia HOY en tu vida personal, en tu pareja, en tus hijos, pero aun mucho más, en futuras generaciones, porque de lo que nosotros *vivamos* hoy como padres van a *beber* nuestros hijos y van a actuar en el mañana. La responsabilidad que tenemos no es solo hacia nosotros y nuestros hijos sino hacia futuras generaciones. Por tanto, y hablaremos de ello más adelante en el apartado ya mencionado que dedicaremos al legado que dejamos los padres: *No es tan importante lo que hemos recibido como lo que vamos a dejar.*

Es cierto que hay personas que, por las circunstancias que les haya tocado vivir, han crecido bajo situaciones familiares muy difíciles, no teniendo ese hogar que todo hijo necesita, sino más bien han vivido en

> Tú puedes marcar una diferencia HOY en tu vida personal, en tu pareja, en tus hijos, pero aun mucho más, en futuras generaciones, porque de lo que nosotros *vivamos* hoy como padres van a *beber* nuestros hijos y van a actuar en el mañana

un lugar de abuso, sea este físico, emocional o psicológico, un lugar de falta de respeto, de unidad entre los padres, distancia emocional, en suma, un hogar disfuncional[30]. De cada uno de nosotros depende la decisión. Si tú nunca has tenido un hogar estable, no te quedes ahí, empieza a construirlo hoy, por ti y por tus hijos y su bienestar familiar. Un hogar estable es un referente y garante para toda la vida. Si no sabes cómo hacerlo, busca ayuda, en este momento estás haciendo algo muy importante, formándote para seguir aprendiendo a ser el padre, la madre que tus hijos necesitan. Como dice el refrán popular: *De humanos es errar y de sabios rectificar*, por tanto, sé sabio y no te quedes lamentándote de tus propios errores, ten la valentía de rectificar y cambiar antes de que pueda ser demasiado tarde. Tus hijos te necesitan más de lo que te puedas imaginar y merecen lo mejor.

> Tú no elegiste tu pasado, pero puedes proveer un futuro diferente para aquellos que seguirán tus huellas

El camino se hace tomando decisiones, cada uno de nosotros como padres llevamos una mochila a nuestras espaldas que tiene que ver con nuestra familia origen, ahí están las vivencias y momentos de nuestras vidas, las habitaciones llenas de luz que todos ven pero también las oscuras que no nos gusta abrir para no ver lo que hay. Tú no elegiste tu pasado, pero puedes proveer un futuro diferente para aquellos que seguirán tus huellas. Sí, somos producto del pasado, pero no prisioneros pues podemos salir, cambiar, transformar aquellos hábitos, carencias afectivas, conformismos que nos mantienen en el mismo lugar, para que de esta forma nuestros hijos reciban una mochila diferente.

---

[30] En realidad no existen hogares funcionales o disfuncionales, todos los hogares son disfuncionales y sufren carencias o abusos. Lo que sí hay es hogares más disfuncionales que otros.

Son muchos los padres que miran atrás y se dan cuenta del tiempo pasado, tal vez errores cometidos, cosas que si el tiempo volviese atrás no volverían a repetir, y es que eso en realidad ¡nos pasa a todos! De forma que tómatelo con calma, todos podríamos haberlo hecho mejor, claro que sí, simplemente porque no sabíamos lo que sabemos ahora, no olvidemos que el crecimiento viene de la aplicación de los principios y la propia experiencia, pues como decía Machado: *Caminante no hay camino se hace camino al andar.*

Ser padres hoy: *hacia una paternidad responsable*

Cuando reflexionamos en estas tres palabras "ser padres hoy", son muchas las emociones que podemos experimentar: alegría, tristeza, miedo, responsabilidad, esperanza, incertidumbre, y una larga lista de sentimientos que acuden a nuestra mente. Es cierto que todo depende de nuestra propia experiencia de vida, ya que cada persona vive realidades muy distintas en su propia familia origen. Pero analicemos estas tres palabras desde su correcto sentido:

Ser: El nuevo rol de padres que adquirimos con el nacimiento de nuestros hijos, nos acompañará toda la vida, es decir "siempre estaremos siendo padres[31]", no importa que los hijos estén o no, que sigan en casa o hayan construido la suya propia, desde el momento que somos padres, lo somos para toda la vida. Pero sí es cierto que hay una etapa inicial en el desarrollo de nuestros hijos donde los padres adquirimos una responsabilidad crucial para su posterior desarrollo como adultos.

Padres: La madre y el padre unidos como equipo, forman la estabilidad y el pilar fundamental en la vida de sus hijos, son

---

[31] Aunque siempre tendremos el privilegio de ser padres, la tarea de ser educadores de nuestros hijos es temporal, en lo que se refiere a nuestra responsabilidad de formarlos, pues el tiempo es limitado.

principalmente ellos los que van a trasmitir los valores que les acompañarán toda su vida, siendo el aporte de ambos necesario para un sano crecimiento en equilibrio educativo. Los padres marcan a fuego el futuro de sus hijos. Los padres son el destino...

Hoy: Este es el tiempo y el momento adecuado para ser padres y conseguir formarnos y formar a nuestros hijos. Cumplir con nuestra obligación parental en la sociedad de hoy no es tarea fácil, pero justo por eso debemos prepararnos para dar lo mejor de nosotros mismos, ya que nadie puede dar lo que no tiene, y nadie puede formar si antes no ha sido formado. Lo que tenemos para ser padres es *el hoy*, no *el ayer* que ya pasó, ni *el mañana* que aún no ha llegado, es justo *hoy* nuestro momento para ser y seguir aprendiendo a ser padres. ¡No hay tiempo que perder!

Lo venimos mencionando, cuando somos padres a todos nos ha de invadir un sentimiento de profundo respeto y gran responsabilidad ante esta nueva etapa en la que, de repente, hemos entrado. Esas criaturas que tanto hemos esperado, deseado y anhelado, ya llegaron a nuestras vidas, ahora son una realidad, tenemos un nuevo rol, hay unos seres increíbles que a partir de ahora nos llamarán papás. Por ello debemos ser muy conscientes de la vital, importante y difícil tarea en la que estamos embarcados y aún más hoy día en la sociedad que nos ha tocado vivir. Muchas personas comentan: "¿Qué mundo vamos a dejar a nuestros hijos?" Pero podemos darle la vuelta a la pregunta: "¿Qué hijos vamos a dejar a este mundo?" Ser padres se convierte en todo un

> Esas criaturas que tanto hemos esperado, deseado y anhelado, ya llegaron a nuestras vidas, ahora son una realidad, tenemos un nuevo rol, hay unos seres increíbles que a partir de ahora nos llamarán papás

desafío y reto, a la vez que implica todo un nuevo planteamiento, ya nuestra vida cobra una nueva dimensión, empezamos a vivir en función de nuestros hijos, sus necesidades y horarios. En nuestra experiencia personal solo al ser padres hemos descubierto el auténtico significado y la profundidad de lo que implica amar[32]. Ese amor incondicional que inexplicablemente permanece, que está ahí siempre, independientemente del comportamiento de nuestros hijos. Las palabras de Génesis cobran, de repente, especial relevancia: *con dolor darás a luz los hijos*[33], entendiendo ese dolor no solo como el dolor puntual del parto, sino como ese amor que a su vez conlleva sufrimiento, porque quien ama de verdad también sufre de verdad. Ahora todo lo que les ocurre a esas nuevas criaturas nos afecta primero a nosotros. Ese amor que día a día empieza a aumentar y perfeccionarse a medida que nuestros hijos crecen y vamos creciendo con ellos, marca la diferencia para siempre, ya nada es igual, son ellos los que nos colocan en esta apasionante e increíble posición: ser padres.

Raíces, troncos, ramas y fruto

Para semejante tarea tenemos que estar preparados y saber hacer los ajustes necesarios que implicarán tiempo, acuerdos, negociación y trabajo sobre la educación y nuestro papel de padres, papel que nos es delegado por el Autor de la familia, pues como estamos viendo, nuestros hijos son un encargo divino. Nos gusta utilizar comparaciones con el mundo natural, pues qué cierto es que los principios que rigen para lo natural también suelen aplicarse a lo espiritual. Por ejemplo pensemos en los árboles, el fruto solo se desprende del árbol cuando está

---

[32] Con esto no desmerecemos para nada la profundidad el amor entre una pareja que no tiene hijos, pero con ellos es una dimensión nueva del amor.

[33] Gn.3:16

maduro, no antes. Aplicándolo a nuestros hijos hay similitudes muy interesantes. Porque el *fruto* que son los hijos, en realidad no pertenecen al *tronco* que son los padres, brotan de las ramas y solo cuando la *savia* de esa combinación de afecto y disciplina vaya transformando el fruto de verde a maduro, este estará listo para desprenderse del árbol e iniciar su propio camino. En realidad de esto trata el libro, cómo ayudar a nuestros hijos en ese proceso de maduración para que se desprendan del árbol, no antes ni después, sino llegado el tiempo oportuno.

El roble es uno de los árboles más robustos que existe, una de sus características principales es la gran profundidad de sus raíces que se arraigan en la tierra dotándole de una gran firmeza y estabilidad. Cuando llega el invierno con las tormentas y las fuertes ventiscas, la copa del árbol se tambalea vapuleada por el viento, pero no se cae ni se dobla, porque tiene unas sólidas raíces que lo mantienen en su sitio. Al inicio del libro mencionamos "los vientos contrarios" de una sociedad alejada de los principios de la Palabra, y esto nos da la dimensión del problema, pues como dice Josh MacDowel:

> En realidad de esto trata el libro, cómo ayudar a nuestros hijos en ese proceso de maduración para que se desprendan del árbol, no antes ni después, sino llegado el tiempo oportuno

Sin unas fuertes raíces espirituales y emocionales, nuestros hijos serán sumamente vulnerables a los valores de la sociedad. Necesitamos raíces estables, para que como dice la Palabra: *arraigados y cimentados en amor*[34], sepamos formar troncos sólidos que produzcan un fruto estable y maduro.

Finalizamos este apartado de "ser padres hoy", citando a Michael Levine: *Tener hijos no le convierte a uno en buen pa-*

---

[34] Ef.3:17

dre, del mismo modo en que tener un piano no lo vuelve a uno buen pianista. Sí, al tener hijos somos padres pero ese es el comienzo de una paternidad que se debe demostrar y vivir en nuestro caminar día a día. Somos padres cuando asumimos nuestra responsabilidad como tales con todas las implicaciones, pues cuando hablamos de paternidad responsable estamos hablando de un trabajo *en* nosotros mismos y *entre* nosotros mismos como pareja, para después poder transmitirlo a nuestros hijos. Como alguien dijo: *Si quieres corregir al niño, corrige al padre, ya que es en la educación de los padres donde comienza la de los hijos.*

Preguntas para la reflexión

Ser padres hoy: ¡Misión posible!

1. En base a la lectura del Salmo 127, ¿qué lugar tiene Dios en la edificación de la casa llamada familia y qué lugar tenemos nosotros como padres?

2. Evaluemos entre todos los miembros de la familia (si los hijos tienen cierta edad) la responsabilidad de cada uno, como padres e hijos, en la construcción de "casas u hogares".

3. "Somos producto de nuestro pasado pero no prisioneros". Reflexionando… ¿en qué áreas soy producto de mi pasado y en qué áreas (si las hubiese) sigo siendo prisionero? Comentad en pareja.

4. Compartid entre vosotros las huellas positivas que han dejado vuestros padres en vosotros. Crear un plan de acción sobre qué huellas os gustaría dejar o estáis dejando en vuestros hijos, cosas que hacéis y no hacéis, que debéis empezar o dejar de hacer.

5. Como familia, ¿sobre qué planos y fundamentos queremos hacer la construcción de nuestro hogar? Que el padre y la madre puedan aportar cada uno cuáles son los fundamentos básicos que consideran claves.

6. ¿Por qué cosas ha destacado o se ha caracterizado vuestra familia origen? ¿En qué formas eso os ha hecho ser como sois? Ahora que junto a mi

cónyuge he construido, o voy a construir, mi propia familia, ¿qué "denominación de origen" me gustaría que destacase en nuestra familia?

7. Qué significado tiene para cada uno la frase: *Si quieres corregir al niño, corrige a los padres.* ¿En qué formas entiendes que los padres deben ser corregidos? ¿Quién corrige a los padres?

CAPÍTULO 2

Ser padre y madre:
Corresponsabilidad y modelaje

No puedes elegir ser modelo. *¡Ya lo eres!*

El mejor recurso pedagógico para tus hijos es tu vida, los padres somos el primer libro de texto que los niños leen. Nuestras actitudes, nuestro trato entre nosotros y con ellos, los valores que van aprendiendo en el día a día, nuestro ambiente familiar, nuestra comunicación, todo ello imprime en cada hijo un sello imborrable para toda la vida. Es decir, lo mejor que puedes hacer por tus hijos, es ser un buen esposo, una buena esposa, es vital que nuestros hijos nos vean en un ambiente de unidad, cariño y demostraciones de afecto. Esto genera seguridad en ellos y les da una base de confianza.

Cada ser humano debería ser el resultado de la relación entre dos individuos: su padre y su madre. Y esta relación sigue

> Todo niño es afectado por el ambiente del hogar, consciente o inconscientemente queda impregnado dicho ambiente en su ser

viviendo dentro de nosotros como una experiencia gratificante o como una experiencia dolorosa, pues la relación entre los progenitores nos constituye en lo que somos. Un niño siente con todo su ser la relación entre sus padres, sea cual sea, la vive, la interioriza, no importa la edad, todo niño es afectado por el ambiente del hogar, consciente o inconscientemente queda impregnado dicho ambiente en su ser. Si la atmósfera no es armoniosa, crecerá con miedo e inseguridad, si por el contrario tenemos unos padres estables y con un buen equilibrio entre autoridad y cariño, probablemente van a duplicar y reproducir hijos con el mismo molde afectivo.

Si bien tenemos que decir que no necesariamente siempre es así, conocemos padres que lo han hecho bastante bien, con errores como todos, pero padres comprometidos y pendientes de sus hijos, que han dado lo mejor, sin embargo por circunstancias están sufriendo situaciones muy complejas y que no se derivan precisamente de lo enseñado en casa. Vivir, educar, enseñar y modelar bien no necesariamente implica "éxito" pero sí mayores garantías.

La paternidad es la experiencia humana que más nos acerca a la realidad divina de Dios Padre. El evangelio de Mateo dice: ¿Qué hombre de vosotros si su hijo *le pide pan le dará una piedra?*[35] Esto quiere decir que el sentido de cuidado y protección que confiere la paternidad, se compara a pocas cosas. Uno empieza a pensar en función de sus hijos, pues se constituyen en poderosos motivos para luchar, trabajar, y labrar un futuro.

---

[35] Mt.7:9-11

Todo empieza a girar en función de ellos, en un sentido nos olvidamos de nosotros mismos y nos damos, nos entregamos, pero también en esa hermosa tarea, somos bendecidos: *Mas bienaventurado es dar que recibir*[36]. Lo que no haces por un hijo, no lo haces por nadie, tus hijos puede que olviden tus consejos, que quizás no valoren o reconozcan lo que haces por ellos, tu esfuerzo, pero nunca podrán borrar tu influencia en sus vidas, esa impronta, esa huella profunda de la educación y modelaje recibido, marcará sus vidas para siempre.

Hay una frase que escuchamos y que pronunciamos con mucho respeto, por la implicación que conlleva para nuestras vidas por parte de aquellos que ya somos padres: *Puedes enseñar lo que sabes pero solo puedes reproducir lo que eres*. Nuestros hijos reciben la mayor fuerza educativa no por lo que oyen sino por lo que ven, ellos no ven palabras ven modelos, ejemplos de vida. Vamos a hablar a nuestros hijos no solo con nuestras palabras, sino mayormente y con mucha mayor fuerza con nuestra conducta y ejemplo, pues las palabras convencen, pero los hechos arrastran. Lo queramos o no, tú y yo como padres no podemos elegir ser modelo, pues por el hecho de ser padres ya lo somos, ya somos un modelo para nuestros hijos. La pregunta es, ¿qué tipo de modelo somos para ellos? Ahí sí podemos y debemos elegir, o somos buenos modelos o somos modelos incorrectos, que posiblemente debamos plantearnos cambios. Esa es nuestra responsabilidad, pues aquello que les transmitamos marcará y afectará a nuestros hijos para toda su vida.

Nuestros hijos especialmente de pequeños, son como esponjas que se empapan de todo lo que viven, sienten y experimentan en el hogar. Sí, podemos enseñar lo que sabemos, podemos decir mucho con nuestras palabras, animar a hacer, incluso obligar a hacer, pero con lo que realmente se van a

---

[36] Hc.20:35

quedar nuestros hijos es con las vivencias del hogar, con los modelos que en este vean, con el ejemplo que nosotros como padres damos diariamente y momento a momento a lo largo de nuestras vidas: *Vive tu vida como te gustaría que tus hijos vivieran la suya.*[37] Nunca podremos enfatizar suficientemente la importancia de lo que se vive en el hogar, de que esta sea nuestra prioridad como padres, las vivencias positivas en el hogar, el ejemplo y los valores transmitidos en la familia. James Dobson lo dice con claridad meridiana: *Nuestro mayor empeño y legado debería ser transmitir valores y principios de vida que hagan que nuestros hijos quieran tomarlos para sí. Ningún otro trabajo puede igualarse a la responsabilidad de plasmar y modelar a un nuevo ser humano.*

No te preocupes. *Nadie es perfecto*

Conviene que no nos culpemos por los errores cometidos en la educación de nuestros hijos, no somos perfectos, pues partimos de la base de que en ocasiones todos nos equivocamos. Nuestros hijos, tus hijos, no esperan de ti que seas un superman o una superwoman, ellos ya lo saben, ya han comprobado que no puedes hacerlo todo bien, que te equivocarás en algún punto del camino. Si el tiempo volviese atrás seguro que muchos de nosotros, algunas de las cosas que hemos hecho, las cambiaríamos o haríamos en forma diferente, ¿verdad que sí? No existen padres que nazcan sabiéndolo hacer todo de la mejor forma, de hecho, la paternidad es una experiencia donde uno no entra de maestro sino de aprendiz, pues los seres humanos aprendemos muchas veces mediante ensayo y error. Esto es normal y forma parte de la experiencia que la vida nos va dando.

Cuando unos padres van a sus hijos y les dicen: *Hijo/a, lo siento, me he equivocado, no siempre actúo como debería, te pido*

---

[37] Mikel Levin

perdón. ¿Acaso eso te hace menos padre o madre restándote autoridad? Nada más lejos, en realidad es todo lo contrario, porque tus hijos te ven como alguien cercano, no como un modelo de perfección inalcanzable, sino vulnerable como ellos, que sabe su lugar y posición, pero que reconoce sus limitaciones, y por encima de todo quiere mejorar y cambiar

> Nuestros hijos no quieren padres intachables, pero sí padres coherentes, íntegros, honestos, que reconocen "sus meteduras de pata" pero que no se quedan ahí sino que las corrigen y siguen adelante

lo que haya que cambiar. Eso se llama integridad. Nuestros hijos no quieren padres intachables, pero sí padres coherentes, íntegros, honestos, que reconocen "sus meteduras de pata" pero que no se quedan ahí sino que las corrigen y siguen adelante, eso es andar en el camino de la perfección, no hemos llegado, pero estamos en el camino aprendiendo de los errores: *El que ande en el camino de la perfección, este me servirá[38].*

En nuestro caso son ya bastantes las veces que hemos tenido que decirle a nuestro hijo Noel: *Lo sentimos, nos hemos equivocado, hemos actuado por reacción y con poca madurez,* cada vez, absolutamente cada vez que esto ha ocurrido, nuestro hijo ha reaccionado positivamente diciendo: No os preocupéis, no pasa nada, lo entiendo. Es más, eso ha producido un mayor nivel de unidad entre nosotros, una nueva actitud de comprensión y valoración que ha generado una sólida base de confianza para nuestra relación. Todos queremos mejorar, queremos seguir aprendiendo a ser los padres que nuestros hijos necesitan y debemos estar empeñados en esa labor, nos cueste lo que nos cueste. Así que, querido lector, mucho ánimo en el reto que

---

[38] Sal.101:6

tienes por delante. Tus hijos se lo merecen, merecen y necesitan que seáis los padres que Dios ha diseñado y quiere para ellos. Recuerda, no padres perfectos, pero sí padres íntegros.

Fuentes paternas y maternas de suministro afectivo

El aporte heterosexual en la educación de nuestros hijos es indispensable precisamente por el equilibrio diferencial, pues estamos convencidos de que los principios de diferenciación y complementariedad que se dan en el orden de la creación, son fundamentales en el diseño divino. El desarrollo psicoafectivo que un niño necesita de sus padres, pasa en primer lugar, por el aporte tanto de lo masculino como de lo femenino, es una cuestión de alternancia de géneros. Citando al psicólogo Daniel Gassó exponemos en el siguiente esquema las principales fuentes maternas y paternas de suministro afectivo[39]:

Figura materna	Figura paterna
• Aceptación	• Aprobación
• Consuelo	• Ayuda
• Ternura	• Comprensión
• Compañía	• Juego y competitividad
• Seguridad	• Motivación
• Modelo de identidad sexual femenino	• Modelo de identidad sexual masculino
• Percepción e identificación de emociones propias	• Modelo de análisis y resolución de problemas
• Percepción e identificación de emociones de otros	• Planificación y consecución de metas específicas

---

[39] Gassó, Daniel, *Manual de Recursos para Orientación y Consejería*, impreso en www.eimpresion.com, p.61.

Estas características son importantes para acabar comprendiendo cómo en la educación de nuestros hijos debe darse el aporte diferencial de ambos sexos, pues cada uno, desde su polaridad enriquecerá a los hijos con valores distintos, que en definitiva son los que forman la educación compensada del aporte heterosexual.

> En la educación de nuestros hijos debe darse el aporte diferencial de ambos sexos, pues cada uno, desde su polaridad enriquecerá a los hijos con valores distintos

Aporte imprescindible para que nuestros hijos se desarrollen con una identidad madura y equilibrada. Asimismo, la falta de un equilibrio en la alternancia de los géneros, se puede dar por varios motivos: ausencia del papel paterno debido a la crisis de la masculinidad, ausencia de uno de los progenitores por separación en parejas de hecho o por divorcio en matrimonios, parejas homosexuales donde falta la contribución de alguno de los géneros, o imposición y dominio de un género sobre el otro anulando así la personalidad y la contribución de alguno de ellos. Esto, unido a la concepción hedonista y superficial del matrimonio en nuestra sociedad, estamos convencidos que provoca confusión y lanza claves erróneas, pudiendo condenar a los hijos a repetir los mismos patrones equivocados.

El poder del padre en los hijos.
Afirmando identidades

Los padres son el destino. Con esta contundente afirmación, que ya adelantamos en el apartado anterior, queremos dejar constancia de la impronta que en la familia, deja el padre y la madre, pero especialmente ahora, refiriéndonos a la figura del varón, podemos afirmar que la identidad de los hijos es

> El padre es como el puente que desarraiga al niño del cascarón protector de mamá y lo pone en contacto con el reto del mundo exterior

asegurada en gran medida por la voz paterna, como explicaremos más adelante. El padre es como el puente que desarraiga al niño del cascarón protector de mamá y lo pone en contacto con el reto del mundo exterior. Es decir, una de las funciones más importantes del padre en muchos casos, es "rescatar" al hijo de la excesiva dependencia materna y abrirle paso a un mundo de relaciones mucho más amplio que el entorno del hogar. Esto se traduce en que los hombres en su papel de padres deben hacer con sus hijos actividades de cierto riesgo, que si algunas de ellas, las vieran las madres especialmente protectoras, se llevarían las manos a la cabeza por la potencial peligrosidad de las mismas. Se trata de inculcar valores de cierta competitividad, superación y afirmación de sus capacidades. Bucear, subir a los árboles, escalar una montaña, correr en bici, asumir el mando del coche mientras papá nos deja coger el volante sentados en sus rodillas[40], etc., son actividades que si bien las puede hacer también la madre, y las pueden recibir también las hijas, son más naturales o innatas en los varones, sobre todo para afirmar masculinidad.

En el caso de las niñas son más bien otros los aspectos que el padre debe potenciar y aunque todo lo mencionado también el padre lo puede hacer con sus hijas, lo que estas necesitan no tiene tanto que ver con competitividad y cierta dosis de riesgo, sino más bien con ternura y protección. Es cierto que no se trata de encasillar el papel del hombre y la mujer en los estereotipados roles de género, limitando lo típicamente masculino y lo típicamente femenino. Sin embargo no podemos negar la biología

---

[40] Asumiendo que lo hacemos en espacios cerrados al tráfico y con las máximas precauciones.

que es la que define rasgos que no son de construcción social sino de configuración genética, pues el hombre, por regla general, está diseñado biológicamente para ser más fuerte en el aspecto físico, más estable en sus emociones, más dotado para trabajos de riesgo[41], mientras que la mujer, también por regla general, es más capaz que el hombre a la hora de transmitir amor, cariño, sentimientos y una especial sensibilidad para intuir y prever a futuro. Todo esto se traduce en unas formas naturales de comportamiento para el hombre y la mujer, que aunque hayan sido mal usadas en el pasado, no les podemos negar su idoneidad natural. En un sentido la madre *retiene* mientras que el padre *envía*.

Siempre ha sido así, y aunque ahora esto esté cambiando, no se trata de una evolución ni de una vuelta al verdadero orden natural de igualdad en los sexos, como pretende hacernos creer la ideología de género, pues una conducta repetida y reforzada a lo largo del tiempo, puede llegar a cambiar la estructura cerebral y aun la química corporal, de tal modo que mucho de lo que observamos en cuanto a cambios cognitivos y conductuales en los hombres y en las mujeres, no constituyen una vuelta al origen neutral y a-genérico del ser humano, sino que son las consecuencias de conductas y nuevos patrones adquiridos. Es decir esos cambios no son la causa primigenia de una supuesta igualdad genérica, sino las consecuencias del refuerzo de conductas muchas de ellas nefastas y vendidas a los intereses de los colectivos feministas radicales y su círculo de influencia[42].

---

[41] Normalmente es así aunque hay excepciones y aunque la mujer asuma trabajos tradicionalmente asignados al varón.

[42] En este punto debemos decir que algunos de esos cambios, como los derechos civiles de la mujer y su dignidad, eran necesarios para liberar a la mujer del yugo machista y hegemónico del varón, a la que fue sometida por siglos. Pero esto no quiere decir que debamos estigmatizar al género masculino en su totalidad, tachándolo de patriarcal, opresor y dictatorial.

El gran problema. *La presencia del padre ausente*

Sí, lamentablemente hay muchos padres que están presentes físicamente, pero ausentes emocionalmente, "están pero no están". La ausencia del papel de padre es alarmante hoy día, hace años en un colegio la profesora pidió a sus alumnos que dibujaran a su familia, pues los niños que no tienen todavía muy desarrollada la comunicación verbal, son mucho más capaces de expresarse gráficamente. Uno de los niños dibujó una madre grande que ocupaba casi toda la hoja del papel, mientras que su padre aparecía como una figura diminuta en una esquina, ¿hay algo más que añadir? Si el padre está física, pero emocionalmente distante, seguirá el apego excesivo a la madre y no se logrará la necesaria autonomía ni la capacidad de relacionarse socialmente, no se cruza "el puente" y se corre el riesgo de castrar al niño varón en su sano sentido y necesidad de independencia y autonomía, mientras que en las niñas la ausencia de la figura paterna, puede provocar un vacío que intenten compensar buscando en los chicos el cariño y la ternura que nunca les dio su progenitor.

> Cuando la imagen del padre no existe porque jamás está presente o disponible para el hijo o es valorada negativamente, entonces la maduración moral y afectiva puede quedar dañada gravemente

La imagen que el hijo se forma del padre tiene un papel capital en el proceso de identificación. Tanto si es positiva como negativa, el niño tratará de imitar sus rasgos de personalidad, sus actitudes y valores. Cuando la imagen del padre no existe porque jamás está presente o disponible para el hijo o es valorada negativamente, entonces la maduración moral y afectiva puede quedar dañada gravemente. Sin embargo un padre presente, con la prudencia de sus consejos y la firmeza de su carácter, enseñará al hijo a vencer dificultades. La firmeza armonizada con la ternura, el diálogo y la mutua comprensión, irán robusteciendo poco a poco el carácter moral del hijo y convirtiéndolo en un joven seguro de sí mismo y capaz de enfrentar los retos naturales de la vida.

Tu hijo aprenderá de ti lo que significa ser hombre y cómo debe tratar a una mujer, pero sobre todo tu hija tendrá en tu ejemplo un buen referente masculino. Como hemos mencionado, lo mejor que puedes hacer por tu hijo es amar a su madre de una forma madura, responsable y tierna, pues ser buen padre o madre, implica ser buen esposo o esposa. Es vital que nuestros hijos nos vean como una unidad, que vean demostraciones de afecto. Eso da seguridad al niño y una base de confianza.

Por el contrario si un padre no abraza, acaricia y mantiene un buen contacto físico con sus hijos, van a crecer mermados en su capacidad de comunicarse y expresar afecto, pero sobre todo las niñas que crecen carentes de la intimidad física con su padre, pueden tender en su madurez y juventud, a buscar los brazos y la intimidad de otros chicos. Ellas no buscan sexo, pero confusas en sus carencias podrían entregarse en los brazos de un hombre buscando el abrazo y la ternura que nunca recibieron del primer hombre de su vida: su propio padre; o bien por el contrario, si la carencia afectiva generó una herida emocional, tener un verdadero rechazo o cuando menos una exigencia muy alta y crítica hacia los hombres. De forma que tus hijos en gran medida van a aprender de ti, en base a la relación con tu esposa, cómo deben tratar a una mujer, y tus hijas aprenderán cómo ser tratadas por un hombre. De esto trata el poder del padre en los hijos.

77

El poder de la madre en los hijos.
Huellas que permanecen

Muchas maravillas hay en el universo, pero la obra maestra de la creación es el corazón materno.[43]

Al ponerme a escribir sobre esto, no puedo impedir que un flujo de emociones vengan a mi corazón al pensar en mi propia madre, emociones todas ellas impregnadas de agradecimiento a Dios y a ella por su legado de vida como una mujer luchadora y esforzada en todo momento, que con sus luces y sombras, sus aciertos y errores, siempre estuvo ahí, y aun hoy cuando ya no está desde hace varios años, queda el legado de una madre luchadora que dio lo mejor, en muchas ocasiones a cambio de nada. Sus tiempos de infancia no fueron fáciles, tiempos de posguerra en España donde no tenían literalmente un bocado de pan que llevarse a la boca, donde siendo la menor de nueve hermanos vio a algunos morir por enfermedades y falta de recursos, donde para sobrevivir desde los siete años tuvo que trabajar muy duro porque la posguerra dejó a su mamá viuda y sin nada.

Esa fue y sigue siendo mi madre, la mujer que más admiro y respeto, la que ha dejado huellas y ejemplos que siempre serán parte de mi vida. Ella, sin palabras y a su manera, me habló de Dios creo que como nadie más ha hecho, me dejó un legado de fe práctica y entrega a los demás que, a día de hoy, cada día es un recuerdo más vívido y presente, que me hace querer dejar, también yo, parte de su legado. Una mujer que lo mejor que supo hacer fue amar, amor sin palabras la mayoría de las veces, nadie le enseñó a comunicarlo, tampoco ella por sus circunstancias pudo recibir ese calor de hogar, pero hoy al escribir esto, puedo afirmar rotundamente que el poder de la madre en los hijos deja huellas que permanecen para la eternidad. Yo

---

[43] Ernest Bersot

definiría el poder de una madre como una sombra de cobijo y protección que te acompaña siempre.

La vida, y el tiempo, va poniendo todo en su lugar, mi madre me decía que solo entendería lo que es ser madre cuando tuviese mis propios hijos y hoy puedo confirmar esa verdad, no se puede explicar en palabras la experiencia de ser madre, es única, no hay palabra que defina todo lo que engloba la maternidad. Me gusta lo que escribió Revathi Sankaran: *Si me pidieran definir la maternidad, la habría definido como amor en su forma más pura.*

Antes de ser padres somos hijos/as, muchos tendréis la bendición de tenerlos vivos todavía, otros como yo, ya sin su presencia, "solo" nos queda el regalo de su huella y legado. Desde estas palabras quiero como una de tantos hijos, honrar a los padres que Dios ha puesto y puso en nuestras vidas. Parte de lo que somos y hagamos con nuestros propios hijos, viene de lo inculcado y transmitido por ellos, por eso de nuevo mi profundo respeto por esta labor de padres y en especial de las madres. Tú y yo, como madres tenemos el privilegio de seguir dejando huellas indelebles en sus vidas.

¿Qué podemos aportar las madres? Hablamos que las madres somos, por nuestras características femeninas ya vistas, las principales interesadas y creadoras de formar un hogar que aporte: ternura, protección, sensibilidad afectiva, cercanía y cómo no, por tener ese sexto sentido que nos caracteriza, ¿qué olor, qué sabor, qué impronta queremos dejar en nuestros hogares? Como dijo Víctor Hugo: *Los brazos de una madre son de ternura y los niños duermen profundamente en ellos.* Nuestros hijos, al fin y al cabo, son casi una prolongación de nosotras mismas. Hago énfasis en la palabra "hogar y madre" porque creo que es la máxima necesidad de los hijos, llegar a un lugar que sea hogar y encontrar allí el refugio, el lugar seguro donde el amor y el cobijo de la madre estén presentes.

No importan las circunstancias, ni aun los trabajos muchas veces estresantes, los hijos necesitan llegar a su hogar y saber que mamá estará presente[44].

Recuerdo, hace años hablando con la hija de unos conocidos que estaba pasando una crisis, era una joven ya de 18 años que se había criado con toda clase de lujos y caprichos, sus padres eran empresarios y "no le faltó nada a nivel material", y en un momento dado le pregunté, ¿hay algo que cambiarías de tu vida si el tiempo volviese atrás? Sus palabras realmente me impactaron: *Haber tenido más cerca a mi madre, pasar más tiempo juntas, que al llegar a casa la hubiera encontrado allí como el resto de mis amigas tenían a sus mamás.*

Esto me lleva a una vivencia personal, simple pero profunda, a la vez que me hace dar cuenta sobre el concepto ya mencionado de que en nuestro papel de padres, y concretamente de madres, no podemos ser reemplazadas[45]. Hace ya algunos años teníamos invitados para comer y yo me encontraba un poco presionada por el tiempo. Ese día Juan trajo a nuestro hijo Noel del colegio y enseguida se acercó a la cocina con su carita de alegría y un papel en su mano para dármelo, yo estaba centrada en lo mío, y le dije: "Hijo, luego lo miro, en otro momento, que ahora estoy muy ocupada". Inmediatamente y al ver la reacción de decepción en su rostro, me di cuenta de mi error y de que había "metido la pata" hasta el fondo, porque inmediatamente fui consciente del mensaje que le transmití: "Para mí es más importante la comida que lo que tú me traes". Él se giró con su carita triste y se marchó a su habitación con el papel en su mano. Hoy lo pienso y doy gracias a Dios por

---

[44] Somos conscientes de que, por causa de la ocupación laboral, no todo el tiempo es posible estar en casa, pero un hijo cuya madre se ocupa de él, sabe que SIEMPRE está presente.

[45] Enfatizamos este punto pues aunque ya lo hemos mencionado para los padres en general, se aplica de forma particular en el papel de la madre.

lo aprendido de esa vivencia. En aquel momento dejé lo que hacía y me fui a su habitación, lo abracé y le pedí perdón por no haber prestado atención a lo que traía para mí. Al enseñármelo no pude evitar que lágrimas rodasen por mis mejillas, era nada más y nada menos que un sencillo dibujo de "su mamá" donde ponía: ¡Te quiero, mamá, felicidades! Y es que, era el día de las madres.

¿Qué aprendí? Aprendí que en ocasiones unos minutos de atención concentrada en la vida de nuestros hijos puede marcar una gran diferencia en su tanque emocional. Aprendí que sin quererlo, le había comunicado a mi hijo que para

> Un instante de atención ante algo que para ellos es importante, puede evitar heridas y marcas prolongadas en el tiempo

mí era más importante lo demás que lo que él traía para mí. Aprendí que hay momentos en los que si no estamos, tal vez ya no podamos estar. Aprendí que hay que priorizar con nuestros hijos y tener muy claros los tiempos. Hoy, y en nuestra labor de consejería, somos muy conscientes que hay heridas en los adultos que son debidas a marcas que nunca fueron trabajadas en la niñez, vivencias que dejaron heridas que nunca cicatrizaron por falta de sanidad y perdón. En mi caso, "un simple" "perdona, hijo" marcó una gran diferencia. Aún recuerdo cuando me acerqué para disculparme, y él con su carita ilusionada por lo que había hecho para mí me dijo: *No pasa nada, mamá* y juntos nos abrazamos, disfrutamos el momento, el abrazo y el dibujo. Un instante de atención ante algo que para ellos es importante, puede evitar heridas y marcas prolongadas en el tiempo. En ocasiones son las vivencias simples y cotidianas las que nos enseñan grandes lecciones.

Un día estando en el coche, de repente Noel puso nuestras dos manos –la de Juan y mía juntas– una encima de la otra y sobre las nuestras, colocó su pequeña mano, mirándonos a los ojos nos preguntó: "Papá y mamá, ¿no os vais a separar, verdad?" Yo extrañada le dije... "Hijo, no, ¿por qué?" Resulta que ese día en el cole habían hablado de la familia, estoy hablando de muchos años atrás, y él por primera vez había visto en muchos de sus compañeros que sus padres no estaban, o vivían con otro papá que no era su padre. Eso nos hizo ser conscientes de la importancia que tiene la unidad del matrimonio para los hijos, ellos necesitan a su mamá y a su papá unidos transmitiéndole esa seguridad.

Hace años escuché una conferencia de una buena amiga, a parte de amiga, ella y su esposo fueron nuestros maestros y líderes cuando comenzamos a caminar en esta labor de ayudar a las familias. Ella, Cesca Planagumá, orientadora familiar, conferenciante, pero por encima de todo madre y abuela, habló hace años sobre *lo que todo hijo espera de una madre*, y al pensar en nosotras como madres, creo que su exposición recoge perfectamente "lo que todo hijo espera de una madre"[46].

- Que sea una mujer comprometida con su padre.
- Que sea una madre que esté contenta de serlo.
- Que sea una mujer que esté satisfecha de ser mujer.
- Que sea una madre que esté disponible.
- Que se involucre en la vida de sus hijos física, emocional, intelectual y espiritualmente.
- Que les transmita ilusión y alegría.
- Que haga hogar.

Cesca desarrolla de forma magistral cada una de esas áreas. Yo las dejo ahí, para que tú y yo como madres podamos

---

[46] Este es, justamente, el título de la conferencia.

"llenar y completar" con nuestra experiencia de vida, lo que hacemos día a día con cada uno de los puntos mencionados, ¿qué te parece?

Acabo esta parte con una lectura para la reflexión...

Un hombre rico tenía un amigo que era constructor. Este amigo había tenido mala suerte en los negocios así que el hombre rico se compadeció de él y decidió ayudarle. Le dio unos planos, un cheque por 300.000 euros y le dijo: Quiero que me edifiques una casa nueva, no tengo el tiempo para molestarme con eso, así que voy a dejar todo en tus manos, tomarás las decisiones y si haces un buen trabajo te pagaré muy bien.

El constructor estaba emocionado, podía ganar dinero, pero comenzó a pensar: Si uso materiales de baja calidad y hago algunas otras cosas así, quizá pueda quedarme con algo de los 300.000 euros. Así que compró los materiales más inferiores, la madera más barata, alguna estaba torcida y doblada, pero no le importó ya que estaría escondida detrás de las paredes, nunca nadie la vería. Hizo lo mismo con la electricidad, la fontanería, para ahorrar dinero. Cuando había terminado de construir la casa había ahorrado 40.000 euros y discretamente los depositó en su cuenta bancaria personal.

Le habló a su amigo para que fuera a ver la casa, este estaba muy impresionado. En la superficie la casa se veía hermosa, y nunca se imaginó que el constructor hubiera usado materiales inferiores, afectando toda la calidad de la casa. El constructor sintió mucha emoción al ver la expresión de placer que tenía el dueño, y estaba ansioso por ver cuánto le pagaría, porque sabía que era un hombre muy generoso.

Al entrar por la puerta principal, dio la vuelta y dijo con una sonrisa en los ojos al constructor: Sabes, en realidad no me hace falta una casa, ya tengo un hogar precioso. Solo quería ayudarte y hacerte un favor. Le dio las llaves al constructor y dijo: Aquí tienes, mi amigo. Es para ti, te acabas de edificar tu nueva casa. Casi se desmaya el constructor al pensar: Si hubiera sabido que iba a ser mi casa... la hubiera construido muy diferente".

¿Con qué materiales estamos edificando? Somos llamadas por Dios a ser sabias en la edificación de ese lugar llamado hogar y de esa bendición llamada hijos, a no escatimar esfuerzos, a dar lo mejor y a poner el mejor material. *La mujer sabia edifica su casa; mas la necia con sus manos la derriba[47].*

> Somos llamadas por Dios a ser sabias en la edificación de ese lugar llamado hogar y de esa bendición llamada hijos, a no escatimar esfuerzos, a dar lo mejor y a poner el mejor material

Acabo con unas palabras que pronunció Abraham Lincoln: *Recuerdo las oraciones de mi madre y me han perseguido toda la vida. Se han aferrado a mí toda la vida.* Que nuestras oraciones "persigan" a nuestros hijos todos sus días, porque en Sus manos estarán seguros en todo momento y lugar. Al fin y al cabo como alguien dijo... *La maternidad es lo más grande y lo más difícil, después de un hijo sabes que el amor dura para toda la vida.*

---

[47] Prov.14:1

Preguntas para la reflexión

Ser padre y madre: Corresponsabilidad y modelaje

1. Ante la afirmación: "No podemos elegir ser modelos, por el hecho de ser padres ya lo somos, lo que sí podemos elegir es qué modelo de padres vamos a ser". Dialogar en pareja el modelaje positivo que veis que vuestro cónyuge está dejando en los hijos.

2. ¿Qué estáis modelando del carácter de Dios en vuestros hijos desde vuestra paternidad y maternidad?

3. "Los padres son el destino", valorad y comentad esa afirmación.

4. Una vez leídas las aportaciones de la figura paterna y materna en los hijos, ¿cuál es vuestra valoración personal en base a vuestra experiencia?

5. ¿Por qué causas consideráis que hoy día hay en general una pasividad en el hombre y una ausencia de padre presente? ¿De qué forma afecta a las familias?

6. ¿Qué podemos hacer desde la infancia para afirmar identidad en nuestros hijos, especialmente en los varones?

7. Cuando los padres reconocemos que nos equivocamos, ¿qué impacto creéis que eso produce en los hijos?

8. ¿Cuál es vuestra valoración personal sobre el poder de la madre? ¿Cómo ha sido y/o es la influencia de vuestra en madre en vuestras vidas?

9. Como madre, ¿qué huellas te gustaría dejar y que tus hijos recordarán?

CAPÍTULO 3

Modelos de paternidad y retos en su aplicación

Los cambios en la dinámica familiar

En la introducción ya abordamos los diferentes tipos de familia, vimos como en Occidente hemos pasado del modelo familiar tradicional a la diversidad de modelos familiares cada vez menos sujetos a cualquier forma de estructura preestablecida. Esto favorece que cada nuevo "modelo" familiar posea unas características muy particulares, ya sean familias monoparentales, reconstituidas, o aun las homoparentales, que bajo la perspectiva cristiana se alejan diametralmente del

En Occidente hemos pasado del modelo familiar tradicional a la diversidad de modelos familiares cada vez menos sujetos a cualquier forma de estructura preestablecida modelo bíblico que la Palabra establece. Cuando el modelo de familia heterosexual deja de ser el normativo, abrimos la puerta a una pluralidad de formas de convivencia, que dado su énfasis en la realización personal y la independencia, dará más valor al individuo que a la comunidad, a la satisfacción personal, que al interés por los otros, perdiendo así la esencia de entrega y comunión que debe caracterizar el matrimonio y la familia natural.

Somos conscientes que la historia de la familia y su desarrollo, se fue alejando progresivamente de los parámetros establecidos por Dios en su Palabra, los roles naturalmente asignados para el hombre y la mujer, fueron pervertidos y convertidos en roles tradicionales y obsoletos que ciertamente perpetuaron patrones machistas y opresivos hacia la mujer, lo que provocó la consabida ola feminista donde la distribución de roles igualitarios parece más empeñada en defender la autonomía de la mujer, degenerando la relación en una especie de unión libre donde no hay pacto de compromiso, sino acuerdos de convivencia, sujetos muchas veces a cláusulas y condiciones, donde no hay garantías de permanencia.

Del paradigma autoritario, al paradigma permisivo

Con esta ausencia de compromiso en la pareja lo que se puede esperar de su proyección como padres, es que pasen de un estilo predominantemente autoritario, a un estilo fundamentalmente permisivo con modelos educativos muy diferentes. Padres y madres valoran mantener unas relaciones cercanas y afectuosas con sus hijos e hijas, lo cual es muy positivo, siempre y cuando no se olvide que los padres son figuras de autoridad y están en un plano diferente al de sus hijos.

Dado que de una distribución de roles muy tradicional, se ha pasado a una distribución de roles igualitaria, mujeres y hombres comparten cada vez más, tanto las responsabilidades domésticas como el trabajo fuera del hogar. Esto que en principio es positivo y que ha roto el enquistado modelo de roles tradicionalmente adscritos al hombre y a la mujer, debe darse en la dinámica de la pareja como esposos, pero no en la dinámica de la pareja como padres, pues puede derivar en una democratización de las relaciones padres-hijos, que anule los necesarios conceptos de autoridad, sometimiento y obediencia debida.

> Padres y madres valoran mantener unas relaciones cercanas y afectuosas con sus hijos e hijas, lo cual es muy positivo, siempre y cuando no se olvide que los padres son figuras de autoridad y están en un plano diferente al de sus hijos

No estamos de acuerdo con la corriente de pensamiento que aboga por una educación donde las figuras de padres e hijos están a un mismo nivel y la amistad parece el vínculo más preciado como valor moderno alejado de los rancios estereotipos de autoridad. En realidad no podemos ser amigos de nuestros hijos porque un amigo está en un plano de igualdad, y padres e hijos no están en un plano de igualdad sino en una sana jerarquización donde los padres son los que educan en amor y los hijos los que obedecen. Hoy los padres, que en general son más afectuosos con los hijos, en muchos casos tratan de no contradecirles, pero es necesario que entendamos que la relación entre padres e hijos nunca es horizontal, es decir de igual a igual, sino vertical, uno por encima de otro en una sana jerarquización de funciones, pues la verdadera autoridad tiene que ver con responsabilidad no con dominio. Fernando Savater dice: *El padre que no quiere figurar sino como el mejor amigo de sus hijos, algo parecido a un arrugado compañero de juegos, sirve para poco; y la madre, cuya única vanidad profesional es que la tomen por hermana ligeramente mayor que su hija, tampoco sirve para mucho más.* Bastante claro, ¿verdad? Sobre esto ampliaremos información cuando lleguemos al apartado de la educación.

Todos estos cambios en las estructuras familiares conllevan unas nuevas formas de actuar en las relaciones padres-hijos muy diferentes a como eran antes, y asimismo una pérdida de autoridad en el contexto familiar bastante importante. En todos los cambios lo difícil es saber llegar al equilibro. La pérdida de autoridad en el contexto familiar ha tenido consecuencias negativas, tanto para la dinámica familiar como para el desarrollo de los hijos e hijas. Hoy en día muchos padres sobredimensionan la atención hacia sus hijos, quieren lo mejor para ellos, por encima de todo quieren que sean felices y para conseguirlo tratan de darles todo lo que los hijos necesitan, pero también en muchos casos todo lo que quieren y *no necesitan* y esto se convierte en un gran problema promoviendo actitudes caprichosas y egoístas en nuestros hijos.

Modelos erróneos de paternidad

Hemos asistido, con la llegada del siglo XXI, a la consolidación de un modelo de paternidad que es producto de la sociedad permisiva y de la falta de estructuras sanas de autoridad. La trampa de la nueva paternidad que disfraza a los padres, como personas súper sensibles, siempre dispuestos a suplir todas las necesidades de sus hijos, aunque algunas sean más caprichos que necesidades, que buscan la amistad con sus hijos adolescentes confundiendo diálogo con consentimiento, y que rebajan su papel al de un progenitor servilista, no nos

> Ni autoritarismo ni servilismo, se trata de buscar una nueva paternidad/maternidad que se quede a medio camino equilibrando funciones

sirve como modelo de lo que debe ser un padre. De hecho es el extremo opuesto al papel tradicional del padre distanciado, autoritario e inaccesible. Ni autoritarismo ni servilismo, se trata de buscar una nueva paternidad/maternidad que se quede a medio camino equilibrando funciones.

No estamos de acuerdo con la nueva metodología de educación que parece estar de moda, donde los derechos de los niños priman sobre los de los padres y donde los conceptos de autoridad y disciplina son mirados con cierto grado de sospecha, parece que más bien relacionándolos con épocas pasadas donde fueron mal empleados, que asociándolos a su justo enfoque de crear en los niños una base de respeto y sana jerarquía que, les capacite para ser hombres equilibrados y sociables en el futuro. Sin embargo pareciera que "la mano negra" que mueve la estrategia global, pasara de radicalizar los géneros a fusionarlos en una peligrosa identidad donde todo vale, cabe y depende. La igualdad de género es una reivindicación justa y legítima que pretende equiparar al hombre y a la mujer en el mismo nivel de privilegios y derechos. El problema es cuando bajo el lema de "somos iguales" se mete a todos en el mismo saco, confundiendo los géneros y negando jerarquías y niveles de autoridad entre padres e hijos.

La educación de corte humanista que aboga por la democratización de las relaciones paterno filiales, suena bonito y parece políticamente correcto, pero es una trampa que priva a las relaciones sociales entre padres e hijos, de los límites que deben diferenciar sus funciones. Los padres deben velar y tutorizar la educación integral de sus hijos, sabiendo balancear los extremos de afectividad y disciplina. Lo que llamamos valores afectivos (ternura, palabras de afirmación, valoración) y valores coercitivos (disciplina, normas, límites), aspectos que desarrollaremos más adelante en la segunda parte del libro. A continuación mencionamos distintos modelos erróneos de paternidad y sus características principales:

- *Padres permisivos*: **mucho apoyo pero poco control.** Les es más fácil decir sí que decir no, llegando a acuerdos entre iguales para no generar discusiones. La autoridad de los padres queda fuera de lugar y se sustituye por el consenso, teniendo igual peso las opiniones de los hijos que las de los padres. Cuando el mismo derecho de los padres se otorga a los hijos el resultado es el caos y la confusión, pues padres e hijos no pueden tener la misma autoridad sencillamente porque no tienen la misma responsabilidad. Los hijos no tienen las mismas necesidades, capacidades ni experiencia que los padres. *Este modelo promueve hijos consentidos.*

- *Padres pasivos*: **poco apoyo y poco control.** Se trata de padres que han abdicado de sus responsabilidades, mostrándose indiferentes y hasta negligentes en la educación de sus hijos, pues argumentan que ya la vida les irá enseñando. Esto provoca que los hijos vayan creciendo sin límites ni normas que delimiten su conducta, y por lo tanto no aprendan los valores de disciplina, autocontrol y tolerancia a la frustración. *Este modelo promueve hijos manipuladores.*

- *Padres autoritarios*: **poco apoyo y mucho control.** Se trata de padres "policía" que vigilan constantemente a sus hijos sobreprotegiéndolos y no permitiendo que aprendan por sí mismos ni generen criterio propio. La autoridad de los padres se sobredimensiona y deriva en autoritarismo. No tienen en cuenta las opiniones de los hijos ni se razonan las decisiones, simplemente los padres "dictan" las normas y los hijos las deben obedecer como en una jerarquía militar donde el soldado simplemente obedece no teniéndose en cuenta su criterio. Esto anula la personalidad de los niños, y si los padres carecen de la ternura y sensibilidad de la que suelen carecer los padres autoritarios, las reglas aplicadas sin un colchón afectivo, casi siempre acaban generando rebeldía en sus hijos. Por tanto *este modelo promueve hijos rebeldes.*

El poder de los padres instructivos

Ahora el modelo acertado que nos interesa explicar es el que llamaremos *padres instructivos.* En la segunda parte del libro desarrollaremos más ampliamente distintos conceptos, que ahora introduciremos con el objetivo de hacernos conscientes del poderoso instrumento que es la educación. El viaje en la vida de nuestros hijos, es un viaje solo "de ida", no hay billete de vuelta para volver a empezar. Lo que los padres hagan en ese recorrido, quedará marcado en sus hijos para siempre. Esto lo venimos repitiendo de distintas maneras desde el principio, para que estemos bien mentalizados de que la impronta que los padres sellan en la personalidad de sus hijos, no es pasajera ni circunstancial, pues aun por el ejemplo aprendido, dicha impronta puede afectar a generaciones. Nuestro amigo Sixto Porras lo dice muy claro: *Sabremos que hemos sido eficaces en nuestro trabajo de formar valores en nuestros hijos, cuando descubramos que ellos mismos modelan en otros, los valores que nosotros les inculcamos*[48].

Sí, la educación es un arma poderosa que tiene en los padres instructivos sus instrumentos principales, basados en el amor, la obediencia, la disciplina y la autoridad, pues sin ellas no habrá jamás verdadera educación. ¿Por qué? Porque mediante la obediencia, nuestros hijos tienen la capacidad de realizar las buenas acciones que le inculcan sus padres, cuando todavía no han logrado asimilar por sí mismos lo que es bueno, ni lo que les conviene. De igual forma mediante la disciplina aprenden a desarrollar hábitos sanos y actitudes positivas,

---

[48] Fuente: www.enfoquealafamilia.com

valores sólidos que les proporcionarán confianza en sí mismos. Mediante la autoridad basada en razones y en la coherencia entre lo que hace y lo que dice aquel que la ejerce, los niños se sienten confiados y seguros, pues disponen de un referente válido y fiable para dirigir sus propias acciones hacia lo bueno y aprender así a valerse por sí mismos.

> Mediante la autoridad basada en razones y en la coherencia entre lo que hace y lo que dice aquel que la ejerce, los niños se sienten confiados y seguros

Por ello el poder de los padres instructivos es tan grande como lo es su responsabilidad. El fin que persigue la educación es justamente hacer personas responsables, capaces de superar las dificultades y ser persistentes hasta el final. Pero para lograr todo esto, los padres debemos permitir que nuestros hijos experimenten el resultado de sus acciones y aun sufran las consecuencias de sus propios errores. De forma que todos los instrumentos al servicio de la educación deben utilizarse para ayudar a nuestros hijos a desarrollar sus capacidades y valores éticos. El objetivo final es la consecución de la plena independencia de los hijos, que estos asuman sus responsabilidades y desarrollen la capacidad para tomar sus propias decisiones.

La unidad parental: *antídoto contra la manipulación*

Hace años cuando realizábamos nuestras conferencias de matrimonios con la asociación De Familia a Familia, recuerdo que siempre poníamos una notita en la habitación de cada matrimonio asistente, su mensaje era simple, pero contundente: *La meta en el matrimonio no es que los dos piensen igual, pero sí que piensen juntos.* Esto es muy realista, pues debido a nuestras diferencias de género y de mochila generacional, nuestras percepciones y planteamientos de vida van a ser diferentes, por ello es de vital importancia el diálogo y la comunicación para llegar a acuerdos que nos permitan la consecución de nuestras metas comunes. Especialmente importante es ponernos de acuerdo sobre todo en lo concerniente a la educación de nuestros hijos, pues como desarrollaremos ahora, la unidad de criterio y el frente común como padres en las decisiones, educación y modelaje, es necesario para que estos no caigan en patrones de manipulación, chantaje emocional o trato inadecuado en sus futuras relaciones de pareja.

Aunque los hijos son uno de los mayores regalos que puede esperar una pareja, también hay que decir que en muchos matrimonios, debido a no haberse preparado para la llegada de estos, pueden ser una fuente importante de conflictos, sobre todo cuando la propia relación de pareja no tiene una base sólida de unidad. Las tensiones y los desacuerdos en el matrimonio aparecen cuando los hijos van creciendo y los padres no han hablado ni llegado a acuerdos sobre temas tan importantes como: educación, disciplina, límites, responsabilidades diarias, etc. Como padres es vital mantener una comunicación constante, abierta y un frente común, para que nuestros hijos reciban mensajes de unidad y coherencia. Los padres se harán respetar cuando pasen tiempo juntos hablando y planificando, llegando a acuerdos sobre cómo educar a sus hijos, es decir, haciendo los ajustes necesarios que les satisfagan a ambos y transmitiendo a sus hijos el mensaje de que no hay fisuras en sus decisiones. Esto evita la manipulación y triangulación por parte de nuestros hijos, pues muchos de los roces y

> Como padres es vital mantener una comunicación constante, abierta y un frente común, para que nuestros hijos reciban mensajes de unidad y coherencia

95

tensiones en el área familiar vienen justamente por no hablar ni delimitar fronteras y responsabilidades de común acuerdo. Esto es muy importante y básico para una disciplina sana. Nos referimos a la unanimidad de criterio entre los padres, pues son muchos los casos de familias donde el padre dice una cosa y la madre otra y eso en el niño produce inseguridad, aparte de un modelo erróneo que aprenderá y probablemente repetirá. En realidad se le transmite la idea de que sus propios padres no saben muy bien lo que quieren para él, siendo muy difícil en estos casos aplicar una disciplina coherente, ya que el niño sabe muy bien a dónde y a quién tiene que dirigirse para conseguir según qué cosa, con lo cual y a modo de daño colateral, el niño aprende principios de manipulación y control sobre sus propios padres.

En el criterio de los padres no debe haber ninguna fisura sino unanimidad absoluta, al menos delante de los hijos, otra cosa es que después o antes, los padres hablen y aun discutan sobre sus diferentes formas de entender la situación, de hecho, en eso consisten los ajustes en la pareja, en llegar a acuerdos. De esta manera, y desde muy pequeño, el niño sabe que quien manda en casa, que quien tiene la última palabra son los padres, que forman una unidad y un bloque común. Sobre la unidad parental en la educación de nuestros hijos, el psicólogo David Solá menciona lo siguiente:

Los hijos por instinto natural, crean luchas de poder con los padres contra su principio de autoridad. Su posición de inferioridad les lleva a desarrollar diferentes maneras de no aceptar la autoridad, unas de forma activa y otras más pasiva. El objetivo es hacerse con el control y van probando a ver cuál estrategia le da mejor resultado, cuando la encuentren la establecerán como hábito. En el caso de que los padres caigan en el juego de los hijos pueden pasar desde la desesperación a la aceptación.[49]

---

[49] Solá, David, Op. Cit., Barcelona 2002, p.76

Principios de blindaje parental

Para conseguir este blindaje en la unidad parental es fundamental hablar entre marido y mujer acerca de las normas de convivencia. Que sean pocas, claras y permanentemente consensuadas, pues hacia el primer año de vida aproximadamente, los hijos ya notan las discrepancias entre sus padres y van aprendiendo pautas instintivas de educación. Aun así, a pesar de que exista una buena comunicación conyugal, será inevitable que uno de los padres tenga que tomar decisiones inmediatas sin haber podido consultar al otro. En este caso lo que debemos hacer será secundar y apoyar la decisión del cónyuge para no generar fisuras ni minar su autoridad, manteniendo así la unidad de criterio. Esto debe ser "un asunto de estado", pues aun cuando no se esté muy de acuerdo con la decisión del otro, debemos ejercer dominio propio y esperar el momento oportuno cuando en privado, podamos negociar sobre la pertinencia de la decisión tomada.

Cuando los padres promueven una educación donde ambos desarrollan sus diferentes aportaciones y habilidades en unidad de criterio, la educación posee una fuerza bien fundamentada que facilita el que los hijos crezcan con límites seguros y no caigan en pautas de manipulación hacia sus padres. Nuestros hijos tienen que ver que sus padres se quieren y deben integrar y asimilar algunos principios innegociables:

- La persona con prioridad en casa para mamá, es papá y viceversa.
- A papá le gusta agradar a mamá mediante demostraciones de afecto y viceversa.
- Mamá y papá están pendientes el uno del otro y se refuerzan mutuamente.
- Papá y mamá forman una unidad inquebrantable, y yo estoy en otro nivel.

En el mundo de los niños la relación conyugal sigue siendo el lazo más importante para su estabilidad emocional, su efecto en los hijos a lo largo de toda la vida es incuestionable. Cuanto más fuerte y saludable sea la unión conyugal, menos problemas tendremos como padres y más salud emocional habrá en la vida de nuestros hijos. Eso sí, teniendo muy claro que esto es el ideal a perseguir que no siempre conseguimos, pues es la lucha entre nuestras responsabilidades y nuestras propias limitaciones personales, lo que nos hace crecer como personas y madurar como pareja y padres.

El aporte heterosexual: *complemento indispensable*

No estamos de acuerdo con el concepto de "igualitarismo" que se pretende aplicar al hombre y a la mujer, negando sus diferencias psicológicas y biológicas más elementales. Cuando hablamos de la educación de nuestros hijos, estos necesitan el aporte diferencial tanto del padre como de la madre. Aquí los principios de la diferenciación y la complementariedad son aspectos sumamente relevantes. En esa pretendida igualdad y uniformidad que promueve la ideología de género, y que permite la fusión y sobre todo la confusión de géneros, debemos hacer una matización importante. La diferencia de género no es lo mismo que la desigualdad de género. La diferencia implica que por razones diversas, los integrantes del género masculino tienen cualidades esencialmente distintas que las del género femenino, que deben ser entendidas siempre en un plano de igualdad. Por ello, de esto no cabe deducir un principio de superioridad del uno sobre el otro. Es cierto que históricamente la mujer ha estado sometida al hombre y privada de los mismos derechos, pero eso no quiere decir, que fuera del ámbito laboral y social, donde sí se debe buscar la igualdad, los hombres y mujeres debamos de ser iguales en cuanto a cosmovisión, percepción, enfoque de la vida, o sentimientos, porque entre otras cosas, y de hecho, somos claramente diferentes.

> En el principio de la diferenciación está la identidad de la persona y la complementariedad de la misma respecto a otra

Dice la Palabra en Gn.1 que en el principio la tierra estaba *desordenada y vacía*, y a partir de esa realidad Dios comienza el acto creador de forma ordenada. En ese orden inicial está el principio de la diferenciación que implica que cada cosa se define y caracteriza por el contraste con otros objetos, que se da en todas las esferas del orden natural. El mundo se ordena mediante sucesivas separaciones de los elementos, surgiendo así el concepto de la diferenciación que se aplica para dar unicidad y carácter distintivo a todo lo creado. Por tanto la creación en su evolución armónica sigue el orden de la diferenciación, pues para cada elemento hay un contrario que lo define, contrasta y complementa (cielo-tierra, sol-luna, mañana-tarde, día-noche, frío-calor, hombre-mujer, masculino-femenino). Por ello defendemos que en el principio de la diferenciación está la identidad de la persona y la complementariedad de la misma respecto a otra, así como que hay unas leyes naturales que forman parte del orden de la creación. Solo podemos ser nosotros mismos en toda la plenitud de la palabra, mientras exista un contrario con el que compararnos, diferenciarnos, pero sobre todo complementarnos, especialmente cuando lo aplicamos a la relación de pareja, al matrimonio y a la paternidad.

Dentro de esa diversidad de los sexos que venimos mencionando, el siguiente principio importante es el de la complementariedad. Hombres y mujeres debemos ser distintos para así poder ser complementarios. El principio de la complementariedad se basa en el principio de la diferenciación ya mencionado, pues al ser diferentes, somos complementarios. Un hombre tímido tenderá a buscar a una mujer extrovertida, opuesta en carácter, pues lo que le falta a él será suplido por ella y viceversa. Es como un puzle, donde las piezas son distintas, pero solo desde esa característica diferencial pueden juntarse para formar una sola pieza. A esto Paul Tournier lo denomina *mecanismos de compensación*. Cada uno busca en el otro lo que no posee, si eres tímido tu tendencia natural será buscar a alguien extrovertido, si eres de carácter fuerte tu tendencia natural será compensar buscando a alguien más conciliador y condescendiente. Con este principio se consigue el concepto de la unidad y la intimidad, alejándonos del "tú" y el "yo", pues de esta forma recogiendo lo mejor de cada carácter, llegamos al concepto del "nosotros", base indispensable para comprender la relación de pareja, pero sobre todo base indispensable para que nuestros hijos vean unidad de criterio y coherencia en los distintos aportes de sus progenitores.

La conciliación con la vida laboral

El término de conciliación entre la vida laboral y la familiar, se refiere al hecho de que los trabajadores tengan la posibilidad de compatibilizar su labor profesional y su vida personal y familiar, de manera que en su papel de padres puedan desarrollarse de forma equilibrada. Las legislaciones de muchos países, por ejemplo España, establecen periodos que varían desde las 14 semanas para la madre, hasta los 15 días para el padre, lo cual supone un reconocimiento al hecho de la maternidad y su importancia en el equilibrio familiar en general, para favorecer que las parejas puedan traer niños al mundo sin "morir en el intento" y sin tener que delegar todo el cuidado de estos sobre los abuelos, como hacen muchas familias. Sin embargo no podemos perder de vista que las condiciones laborales, con excepción de ese periodo de "gracia", suelen ser excesivas demandando tal número de horas, que dejan poco espacio para la vida familiar.

Interesante la aportación de Sergio L. García: *La odisea de traer niños al mundo por parte de las familias en las que los dos progenitores trabajan, se ha venido traduciendo en la caída de la tasa de natalidad en España. Esta se sitúa, según los últimos datos, en 1,39 hijos por pareja, una de las más bajas de Europa, mientras que la edad para ser padres se ha retrasado hasta los 31 años. Todo eso, en un entorno en el que cada vez suena más a ciencia ficción la idea de que un núcleo familiar pueda vivir con un único sueldo y que el padre o la madre se dediquen exclusivamente al cuidado de los hijos[50].*

Por otro lado hay casos de parejas, que si así lo entienden y lo pueden hacer económicamente, han decidido que sea la mujer quien se quede en casa e invierta en los hijos, aparcando por unos años su profesión y vida laboral[51]. Cuando esto es algo pactado y asumido por ambas partes, no produce conflicto sino más bien todo lo contrario, una realización personal en la mujer en su papel materno, y consecuentemente un gran beneficio en la familia. El problema viene cuando la responsabilidad de los

---

[50] Fuente: internet. *Las 8 medidas que te ayudarán a conciliar hijos y trabajo*, www.compromisoempresarial.com

[51] Sobre todo durante los dos primeros años donde la presencia de la madre en lactancia, cercanía, cariño y tiempo al lado de sus hijos, es vital para estos. En muchos países existen las excedencias laborales que son períodos en los que los trabajadores realizan una parada en su vida laboral, dejando de percibir su salario pero no perdiendo su puesto de trabajo, que pueden recuperar después de un tiempo que puede variar entre 4 meses y 5 años dependiendo del país. Asimismo existen opciones para solicitar la reducción de jornada laboral y dedicar más tiempo a la familia.

hijos se convierte en la carga de uno solo de los cónyuges. Aun en el caso que la mujer decida quedarse en casa e invertir en los hijos[52], ella necesita tener su propio espacio y necesita que su esposo tome su lugar y asuma también su responsabilidad como padre en el cuidado y educación de los hijos, pues muchos hombres debemos ser conscientes que el trabajo es solo una parte más de la vida y no un ámbito que reste tiempo a otras responsabilidades más importantes como la familiar.

Algunas ventajas derivadas de una búsqueda de la conciliación entre la vida laboral y la familiar:

- Mentalización de que lo importante está en casa después del trabajo.
- Fomento de la responsabilidad de ambos padres en la atención y cuidado de sus hijos y en el desarrollo de las obligaciones familiares.
- Aumento de la motivación sobre la necesidad de los límites laborales para beneficio familiar.
- Reducción de los niveles de estrés, mayor bienestar y satisfacción en general, al delimitar prioridades y establecer límites.

---

[52] Somos conscientes de que en la sociedad en la que vivimos se hace complicado que muchas parejas puedan prescindir del trabajo de uno de ellos, pues su economía no resistiría.

Preguntas para la reflexión

Modelos de paternidad y retos en su aplicación

1. ¿En qué forma afecta a la educación de los hijos los nuevos modelos de paternidad? Explicar desde vuestro punto de vista cuál sería un modelo de paternidad bíblico.

2. Padres-autoridad/padres-amigos. Diferencias y responsabilidades entre ambos conceptos.

3. "Unidad parental, antídoto contra la manipulación". Desarrollad en 5 puntos un plan de acción práctico de unidad parental.

4. Ventajas o inconvenientes de "pensar igual y pensar juntos".

5. Comentad algunas de las causas por las que los hijos pueden llegar a manipular a los padres.

6. Analicemos las causas del individualismo en las familias hoy. ¿De qué forma contrarrestarlo en vuestra familia?

7. Desde vuestro punto de vista, ¿cuál es el aporte del matrimonio heterosexual a los hijos? ¿Qué carencias podría tener un hijo educado en otros modelos familiares?

8. Conciliar tiempo laboral y de casa. Ante la falta de tiempo hoy, ¿cómo podemos planificarnos para tener tiempo juntos?

2ª PARTE
Modelando

CAPÍTULO 4

Entramos en la segunda parte del esquema propuesto donde, después de definir nuestra realidad social y los modelos familiares existentes, describir el privilegio y la responsabilidad que los padres tienen de formar el barro de la personalidad de los hijos, explicar en qué consiste ser padres, enunciar los distintos tipos de paternidad existentes, y resaltar la importancia de una educación desde el aporte heterosexual, abordamos ahora la parte de "modelando" que dividiremos en dos apartados específicos. Por un lado el modelaje en crecimiento que van a recibir nuestros hijos, es decir las distintas etapas evolutivas por las que pasarán en su desarrollo, y que irán modelando, perfilando y definiendo su temperamento, carácter y personalidad, y por otro lado el modelaje en cuanto a su educación, donde abordaremos la importancia de combinar valoración, afecto y afirmación, con límites, autoridad y disciplina. Finalmente concluiremos esta segunda parte resaltando la importancia de una educación sexual basada en los principios de la Palabra de Dios que contrarreste toda la información distorsionada que van a recibir en el ámbito de la escuela e instituto, así como desde las redes sociales y los demás medios en general.

Etapas evolutivas en el desarrollo de nuestros hijos[53]

Mencionar que separar el desarrollo evolutivo de nuestros hijos en una serie de etapas muy diferenciadas, puede resultar un poco artificial, ya que dicho desarrollo corresponde a todo un proceso globalizado que hay que entender en su conjunto. Sin embargo, las etapas que vamos a mencionar poseen características muy específicas que tiene que ver con cambios más o menos fundamentales dentro de ese proceso. Por ello la finalidad de dicha diferenciación en etapas responde a un interés pedagógico e ilustrativo.

Primera etapa: edad bebé. *¡Ya estoy aquí!*

Después de nueve meses de gestación y con todas las expectativas a las puertas, llega al mundo nuestro esperado hijo[54]. El dolor y el placer del parto, su primer llanto, los miedos, las incertidumbres, la inmensa alegría, y la responsabilidad de la nueva vida que se nos entrega, todo se mezcla en un mar de sentimientos. A partir de ese momento, la vida de la madre, especialmente, va a girar en torno a su bebé las 24 horas del día, es una dedicación exclusiva. Solo la lactancia ocupará entre 9 y 12 tomas diarias, siendo el pecho materno el vínculo que nutre al recién nacido no solo de alimento, ya que el sentido de seguridad e intimidad relacionado con el calor corporal, el olor de su mamá, y el saberse protegido por sus brazos y cuerpo en general, contribuye de manera decisiva a su estabilidad emocional. De hecho la madre de forma instintiva desarrolla

---

[53] Esquema y contenido adaptado de Martínez, Ester, *Transmisión de valores desde la educación emocional*, ANDAMIO, Barcelona 2006.
[54] Utilizaremos "niño, el bebé, o hijo" en sentido genérico.

dos poderosos incentivos que le darán fuerza y motivación: nutrición y protección.

En esta primera etapa uno de los valores que más necesita el bebé es afectividad, acaba de salir de la seguridad de su "hogar intrauterino" a un espacio nuevo y desprotegido, por eso necesita sentirse querido, amado, acariciado y mimado, en un auténtico colchón afectivo imprescindible para su sano desarrollo emocional. Necesita oír que le amamos y queremos, y por lo tanto los padres se lo deben verbalizar, pues aunque no entiende las palabras, sí reciben el tono emocional que las acompaña. El tacto y la voz son poderosos canales del amor hacia nuestros bebés siendo su mayor necesidad en esta primera etapa, junto con la afectividad y la nutrición.

> En esta primera etapa uno de los valores que más necesita el bebé es afectividad

De hecho todas estas necesidades ya fueron influenciadas durante el periodo intrauterino, es decir durante los nueve meses de gestación previos al parto. En la seguridad del útero materno el feto recibe, vía cordón umbilical, no solo el alimento de su madre, sino también sus profundos sentimientos y emociones a través de la carga hormonal que viaja en su riego sanguíneo. Por ello es importante la estabilidad emocional de la mamá pues hay toda una transmisión de sentimientos que influyen decisivamente en la calidad de la vida en el útero, en lo que algunos llaman la educación emocional intrauterina.

Esta etapa es la de mayor rapidez en su crecimiento, pues los cambios que se producirán serán mucho mayores que en cualquier otra etapa. De ser un bebé casi inerte que come y duerme, pasa al final de la etapa a convertirse en un auténtico torbellino que no puede estarse quieto. Sobre los 4 o 5 meses su curiosidad sobre su entorno inmediato irá en aumento sintiendo una gran necesidad de explorar, gatear, ponerse de pie, tocar y coger absolutamente todo lo que esté a su alcance para llevárselo a la boca, pues el tacto y el gusto serán sus principales "armas de reconocimiento". Asimismo comenzará su propio y particular lenguaje con gorjeos, espurreos y sonidos diversos con los que inicia su especial y entrañable lenguaje comunicativo.

Nos parece un ser indefenso y absolutamente dependiente que vive en su propio mundo sin ser muy consciente de lo que ocurre a su alrededor, pero nada más lejos de la realidad, pues el bebé es como una auténtica grabadora donde todo lo que recibe, ve y escucha, queda impreso en su subconsciente. Si ha recibido tensión y estrés en los primeros meses, esas impresiones que instintivamente se fijaron en su subconsciente, podrán salir a la luz en periodos posteriores y en forma de síntomas físicos o emocionales. De ahí la importancia de mantener un entorno emocional, afectivo, estable y protector.

Sin embargo no toda la atención la debe recibir el bebé. En las semanas posteriores al parto habrá que "volverse" también hacia la madre pues son muchos los factores que van a amenazar su propia estabilidad: posible depresión posparto y variación en los niveles hormonales, dolor por los puntos, agotamiento generalizado después del esfuerzo físico y emocional, sentimiento de vacío interior al no tener a su hijo dentro de su propio cuerpo, y toda una batería de preguntas y dudas sobre si estará preparada para su cuidado y protección. Aquí el padre tendrá que ser muy sensible y comprensivo, jugando un importante papel en la atención y cobertura hacia su esposa.

Ya hemos pasado la línea de salida, y los primeros pasos en la carrera de nuestros hijos serán cruciales para su posterior equilibrio emocional. En esta etapa los bebés son como una semilla, que dependiendo de la calidad de la tierra donde germine, será una planta fuerte y robusta, o débil y enfermiza. Esa es nuestra gran responsabilidad:

La gran mayoría de seres humanos nacemos con un patrimonio genético que contiene las semillas que nos predisponen a sentirnos contentos y a disfrutar activamente de nuestras experiencias en el mundo. Dependiendo de la calidad del medio familiar y social, de las situaciones que vivimos, de las opciones a nuestro alcance y de los caminos que elegimos, estos granos pueden germinar con fuerza o mantenerse latentes, pueden medrar o fallecer.[55]

Segunda etapa: descubriendo la realidad subjetiva. *¡Yo estoy aquí!* (18 meses a 3 años)

Desde los 18 meses y hasta los 3 años el niño desarrolla dos de las grandes capacidades que caracterizan esta etapa: la capacidad de hablar y la capacidad de andar, aspectos que le irán permitiendo mayor autonomía e independencia en el descubrimiento de su entorno inmediato. Si al principio de esta etapa el niño es más o menos dócil y tranquilo, al final de la misma querrá hacer su propia y egocéntrica voluntad siendo sus palabras favoritas "yo, mío y no", pues tiene necesidad de reafirmar su propia independencia. En ocasiones esto lo hará mediante pataletas, llanto "desesperado", lanzarse al suelo o morder a quien esté a su alcance, pues el niño va a entrar en una resistencia activa con sus padres, particularmente con la madre quien en este periodo pasará más tiempo con él.

Tranquilos papás, no hay que perder la paciencia. Es normal que el niño en su proceso de independencia pueda llegar incluso a insultar a su madre y desafiarla, forma parte de su particular lucha de poder y de su necesidad de ir reafirmándose, frente a ello los padres deben dejarle claro mediante límites y normas adecuadas a su corta edad, que quiénes mandan son

---

[55] Autor Rojas Marcos, obra sin localizar.

ellos. Las constantes rabietas demuestran su frustración cuando no pueden conseguir algo, y mediante ellas el niño instintivamente manipula a sus padres para ver si consigue que se apiaden de él y le tengan lástima.

Aquí es donde el niño, si le dejamos claros los límites y la autoridad, comienza a desarrollar una sana tolerancia a la frustración para ir entendiendo que no todo lo que desea lo puede conseguir, y que son sus padres quienes determinan lo que pueda tener o hacer. Muchas de sus actitudes desafiantes, contestaciones, insultos y rabietas, pueden poner en alerta a los padres sobre si lo estarán haciendo bien y sobre si es normal que su hijo sea así de rebelde y contestón. Deben entender que todos esos enfrentamientos y luchas de poder son necesarias para que vaya asimilando límites, orden, autoridad y para su propio control emocional y dominio propio, aparte de que, asimismo esas actitudes, irán desapareciendo de la misma forma en que llegaron.

Otro aspecto relevante a considerar en esta etapa es el relativo al control de esfínteres. Es importante tener en cuenta que el control de esfínteres es un proceso del desarrollo del niño que tiene que llevarse a cabo sin estrés ni malestar. Estamos ante un proceso madurativo que no podemos acelerar solo porque nosotros queramos que así ocurra, por tanto una alta dosis de paciencia es uno de los factores más recomendables en este proceso. El niño deberá poco a poco ser consciente de que debe ir dominando con su propia voluntad, los músculos que controlan los esfínteres, y hay que ayudarle a conseguir esto mediante los refuerzos positivos al decirle que lo está consiguiendo, y desde luego no reñirle ni mucho menos degradarle con frases como "eres un meón", pues así solo conseguimos la humillación y el bloqueo. Las visitas al baño para hacerle ver que es allí donde se hacen sus necesidades, y el refuerzo y repetición de los pasos para conseguirlo (primero los pantalones, luego las braguitas o calzoncillo, luego nos sentamos, etc.), son esenciales para que logre fijar la conducta.

Para la correcta estimulación verbal, que empieza a manifestarse con coherencia a partir de los dos años, será necesaria mucha imaginación y voluntad repetitiva por parte de los padres, referente a objetos que se señalan repitiendo sus nombres, conversaciones "a la altura del niño" aunque no entienda todo, el uso de onomatopeyas que les suena divertido y les anima a la imitación, etc. También debe reforzarse el aprendizaje con la ayuda de cuentos, dibujos o canciones, pues todo ello aparte de contribuir al desarrollo de su lenguaje, inaugura un encuentro entrañable entre los padres y el hijo generando hermosos momentos de intimidad compartida que van formando parte de su patrimonio, historia y recuerdos.

Todo lo mencionado en este último párrafo tiene que ver con las raíces de su entorno donde ya va siendo consciente del hogar, sus espacios, relaciones familiares, no solo con los padres, sino con sus hermanos, los abuelos, todo ello les va dando sentido de pertenencia, en lo que Ester Martínez denomina "raigambre", que en su definición no es sino el conjunto de antecedentes, intereses, vivencias y relaciones que hace que una persona sea estable o segura, ligándola a un lugar determinado. Es por tanto en este periodo donde se asienta su sentido de pertenencia y raíces.

> Es por tanto en este periodo donde se asienta su sentido de pertenencia y raíces

Tercera etapa: descubriendo la realidad exterior. *¿Quién más está aquí?* (3 a 6 años)

Estamos en la franja de edad donde el niño pasará de conocer bien y controlar su realidad y entorno familiar inmediato, a encontrarse con el reto del mundo exterior e ir aprendiendo sus reglas de juego. Hasta ese momento el niño tan solo entendía una realidad construida a la medida de sus deseos donde las condiciones exteriores no estaban todavía previstas.

Que el niño descubra la realidad exterior trae consigo un enfrentamiento entre el principio del placer, entendido como bienestar por satisfacción de sus necesidades, y el principio de realidad. Anteriormente, desde el nacimiento el niño/a busca instintivamente la satisfacción de sus necesidades. A esto se oponen las condiciones expuestas por el mundo exterior. Como consecuencia, en algunos casos el niño/a tendrá que aplazar o postergar la satisfacción de sus deseos y en otros, renunciar a ella en su totalidad.[56]

A esta edad el niño sigue manteniendo un pensamiento egocéntrico aunque algo más realista que en la etapa anterior pues va entrando en contacto con la realidad exterior y en consecuencia aprendiendo de la experiencia. En esta etapa el niño pasa gran par parte de su tiempo encontrando maneras de expresar su creatividad, aprendiendo y reforzando habilidades nuevas, y desarrollando su capacidad de pensar. También puede llegar a sorprendernos su lógica aplastante y su facilidad para expresarse utilizando "preconceptos", es decir, su propia y particular interpretación de las cosas. Recordamos cuando nuestro hijo era pequeño, y después de ver unas ilustraciones con un esqueleto dentro de su caja, exclamó: *Ya sé cómo se van los hombres al cielo, se van deshuesados*, o bien otra ocasión donde el hijo de nuestra sobrina comentó después de observar una chimenea expulsando humo: *Mira mamá, una fábrica de nubes.*

Es en esta franja de edad donde el niño debe ir afirmando su propia identidad y aprender a desidentificarse de la madre para

---

[56] Fuente: www.educacion.navarra.es Escuelas de Familia Moderna.

empezar a ser él mismo, el apego a la "cápsula materno-filial" donde el niño es posesivo y aún está excesivamente vinculado a su madre, debe romperse mediante la entrada en escena del padre, en lo que Freud denominó "el complejo de Edipo"[57]. El niño tiene que acabar comprendiendo que el padre ocupa

> Es en esta franja de edad donde el niño debe ir afirmando su propia identidad y aprender a desidentificarse de la madre para empezar a ser él mismo

el primer puesto junto a su madre y esa es una unión inquebrantable y de la que él no forma parte, aunque es fruto directo de ella. Aquí la madre debe retirarse y el padre dar un paso adelante, pues muchos de los problemas que nos encontramos tienen que ver con madres posesivas y padres pasivos.

Por otro lado los padres deben estar mentalizados de la "atención educativa" pues, para educar en condiciones, se necesita tiempo. Es vital que en estas edades, los niños puedan contar sus cosas expresándose con libertad y confianza, aunque para el adulto sean irrelevantes. Por ejemplo el padre y la madre no deben llegar al final del día dándose cuenta de que el único tiempo que le han dedicado a sus hijos ha sido para reñirles. Es muy importante conceder espacios para jugar con los hijos sin dar la sensación de que estamos perdiendo minutos "preciosos" de nuestra existencia, ellos deben percibir, y perciben de hecho, cuando para sus padres el juego es una obligación que cumplen, o un verdadero pasatiempo que disfrutan. Cuando se está con ellos no se debe de tener sensación de pérdida sino de inversión, pues lo que se transmite en los primeros años de la vida será muy difícil de olvidar.

---

[57] Freud se inspira en el mito de Edipo, en la mitología griega, para expresar el deseo posesivo del niño hacia su madre y la rivalidad que puede sentir hacia su padre.

Finalmente la llegada al colegio en la etapa preescolar supone un nuevo mundo que ayuda a la socialización del pequeño, así como a una correcta separación especialmente de su madre. Siempre son difíciles los momentos cuando una madre angustiada deja igualmente angustiado y llorando a su hijo el primer día de escuela, aunque normalmente esto se normaliza en los primeros días. Para el niño, la escolaridad, aunque sea todavía en preescolar, es un acontecimiento importante pues será una nueva oportunidad para que desarrolle la creatividad, la iniciativa y la capacidad de cooperar, logros que más tarde serán muy valiosos para alcanzar un buen desarrollo social, emocional e intelectual. Sobre esto hablaremos más en profundidad en la siguiente etapa que es dónde realmente se da la escolaridad legal y reglada.

Cuarta etapa: descubriendo la escolaridad.
¿Quiénes son esos? (6 a 9 años)

Lo acabamos de mencionar, este es un periodo fundamentalmente marcado por el desarrollo de la etapa escolar donde en un primer inicio el niño aprende a leer y escribir, donde la socialización con otros alumnos, y aun con los profesores, le ayuda por un lado a desarrollar habilidades sociales de comunicación y valores como el respeto, la amistad, la sana competencia y la aceptación de otras formas de pensar en sus compañeros, así como a entender la estructura de autoridad en el trato con los docentes. El paso de Preescolar a la Educación Primaria implica un gran cambio, pues los padres y los profesores comienzan a exigir mucho más a los niños. Empiezan las obligaciones diarias con las tareas escolares, y aun en casa sus padres también comienzan a exigirles ciertas tareas que tienen que ver con responsabilidades domésticas y personales.

Sin embargo durante esta etapa de mayores responsabilidades y hacia el final de la misma, pareciera que las aguas se aquietan y el carácter de "torbellino" que marcó otras etapas, va dando paso a un carácter más tímido y reflexivo, con cierto pudor en cuanto a su privacidad pues comienza una gran necesidad de preservar su intimidad. A partir de esta edad el niño va a transitar por periodos prolongados de calma y concentración. Es una etapa de asimilación, por lo que todo esto favorece que el niño se encuentre en disposición de realizar progresos y nuevas habilidades en lo que respecta a su propio aprendizaje.

También siente la necesidad de estar solo y puede mostrarse tímido, aunque es más dueño de sus sentimientos y emociones, no teniendo la necesidad de exteriorizarlos y expresarlos espontáneamente como hacía en etapas anteriores. Algunos autores coinciden en denominar a este periodo la "edad de la razón" pues a partir de los seis años más o menos, el pensamiento se hace más analítico y crítico comenzando a ser capaz de entrar en contacto profundo con la realidad y de reflexionar. Su imaginación sigue desarrollándose pero cada vez de un modo más práctico, es decir ya no está tan inmerso en un mundo paralelo de fantasías, sigue disfrutando con cuentos e historias, pero parte de lo recibido en ellas le sirven como modelos para reafirmar su yo interior. De ahí la importancia de que los padres seleccionen los contenidos de todo lo que pueden ver o leer sus hijos.

> El pensamiento se hace más analítico y crítico comenzando a ser capaz de entrar en contacto profundo con la realidad y de reflexionar

Al estar más en contacto con la realidad y tener un pensamiento más crítico, será importante reafirmar en su personalidad un aspecto fundamental: la valoración. En el reto que supone la entrada a un mundo nuevo de relaciones y competencias con otros niños en la escuela, es crucial hacer saber a nuestros hijos que para nosotros son únicos y especiales, y que por encima de todo les amamos y creemos en sus capacidades y logros. La valoración es saber decir cosas como: *Qué bueno, hijo, estoy orgulloso de ti, confiamos en que lo harás bien, eres lo mejor que nos ha pasado, siempre te querremos, etc.*

Desde el hogar hay que potenciar y valorar a cada hijo con sus características particulares, no caer en el error de hacerles ver que nos hubiera gustado que fueran diferentes, más "a nuestro molde", ni mucho menos compararle con otros compañeros o hermanos, pues eso iría en contra de la aceptación plena que tenemos que demostrarles, y de su singularidad como seres únicos y especiales. Cada hijo es distinto, unos llenarán más nuestras expectativas que otros, unos serán más tímidos, otros más extrovertidos, cada uno con sus peculiaridades, pero todos necesitan que les devolvamos el mensaje de que son queridos, aceptados y respetados por nosotros, pues de esta forma les ayudamos a llegar al máximo de sus posibilidades.

Quinta etapa: descubriendo la pubertad y adolescencia. *¿Quién soy yo?* (10 a 19[58] años)

Vamos a comenzar este difícil periodo caracterizado por ciertas incertidumbres, con una buena definición de adolescencia:

La palabra adolescencia deriva del nombre latín adulescens, participio presente del verbo adolecere, es decir, "crecer", "hacerse mayor".

---

[58] En la adolescencia las edades son estimativas ya que dependen de factores personales y sociales, tales como el propio proceso individual, la educación, los estudios. Además el proceso de emancipación, que debiera marcar el fin de la adolescencia, en la sociedad actual se alarga debido a la falta de oportunidades laborales, la extensión de los estudios, etc.

Este verbo debido a su terminación en "esco", se refiere a un proceso y no a un estado, tiene el sentido de movimiento que difícilmente se puede circunscribir en un marco y duración precisas. Es curioso que, en latín, la palabra "niño" se refiere a un estado relativamente estable, mientras que la palabra "adolescente" hace referencia al resultado de un proceso, al paso de un estadio a otro[59].

Solo el nombre ya nos da una dimensión de cambio, de profundo proceso donde el adolescente camina mudando la piel de niño para vestirse con la de joven. Es un proceso por el que se transita hacia una nueva etapa, de manera que podemos decir que la adolescencia "es una enfermedad que se cura con la edad". Comprende desde el inicio de la pubertad sobre los 12 años, u 11 siendo precoz, y finaliza hasta la emancipación cuando ya el joven es capaz de valerse por sí mismo en su desarrollo psicosocial. Sin embargo es difícil determinar un criterio unificado socialmente que marque el final de la adolescencia, pues a veces hay "adolescencias perpetuas" que se prolongan más allá del final de la veintena.

La pubertad constituye la primera fase de la adolescencia y el paso de la infancia a la edad adulta, algo parecido al pistoletazo de salida que va a marcar el principio de otros muchos cambios, como el inicio de la maduración sexual donde se empieza a transitar de niño a joven. Los cambios comienzan cuando las glándulas endocrinas segregan mayor cantidad de hormonas, en el caso de las chicas los ovarios producen estrógenos, y en el de los chicos los testículos producen testosterona. La precocidad con la que se manifiestan conductas como la agresividad o la irritabilidad, seguramente están asociadas al incremento de estas cargas hormonales. Unido a estos cambios físicos viene la maduración en el plano psicológico y emocional, donde empiezan los brotes

---

[59] Martínez, Ester, *Transmisión de valores desde la Educación Emocional*, ANDAMIO, p.161, Barcelona 2006.

119

de confusión, carencias y rebeldía, que se manifestarán en todo su esplendor durante los años posteriores. De manera que la pubertad es esencialmente biológica, pero está tan ligada con factores psicosociales que es imposible separarla de estos, es decir, que los cambios corporales que la caracterizan, nunca se producen en el vacío y están directamente influenciados por el entorno.

Otra de las características de la adolescencia es que los jóvenes presentan una gran discontinuidad entre la madurez fisiológica, por una parte y la madurez emocional por otra, y que ha sido relacionada con el fenómeno de la discordancia psicomotriz, en el sentido de que el desarrollo físico y sexual de los jóvenes es mucho más precoz, siendo los profundos cambios físicos mucho más acelerados que la rapidez de su psique para asimilarlos. Es decir que esta aceleración somática avanza, pero la evolución de su mente no es capaz de seguir el mismo ritmo del cuerpo, siendo el infantilismo y la inmadurez rasgos que emergen, pudiendo crear un desequilibrio peligroso que sea susceptible de llevar a conflictos y a conductas antisociales. Además, la descoordinación psicomotriz entre cuerpo y mente, provoca cierta "patosidad" a la hora de andar y moverse, junto con cierta torpeza a la hora de coger las cosas. Es lo que se conoce como la "edad del pavo", asociando estos inconvenientes al movimiento desgarbado de los pavos cuando caminan.

Muy importante que el púber configure de manera positiva el propio cuerpo para poder aceptarse y adaptarse a sí mismo en esos grandes cambios, necesitan la opinión de los iguales que le rodean para poder reforzar su autoimagen, preocupándoles mucho su apariencia externa y haciendo comparaciones continuamente. Les gustará aquello que en ocasiones desagrada y hasta alarma a los padres, aspectos sobre su forma de vestir, peinado, piercing, aunque puedan ser muy espectaculares, son un ingrediente más de los cambios que el adolescente quiere instaurar en su vida para ser diferente buscando su identidad, siendo en la gran mayoría de los casos algo pasajero que se reconducirá con la edad. Por eso dependiendo de cómo viva y asimile esos cambios físicos y de cómo se ajuste su cuerpo a los modelos establecidos, tendrá o no problemas de aceptación y autoimagen.

Su desarrollo emocional está caracterizado por periodos más o menos fluctuantes de inestabilidad, inseguridad, rebeldía, angustia, desobediencia, alternancia entre estados depresivos y eufóricos, etc., esto forma parte de la reconducción y asentamiento de todos los "revolucionarios" cambios que su cuerpo experimenta. En cualquier caso suele ser una etapa a veces desesperante para los padres y que conlleva no pocas situaciones tensas en el hogar. La mejor ayuda que como padres podemos ofrecer es una conducta serena, estable, paciente, firme, dialogante, comprensiva y esperanzada, es decir, todo lo contrario a la suya. Para esto se necesita mentalización, una alta dosis de paciencia y mucho consenso entre la pareja. También debemos mencionar que no todos los jóvenes viven de forma tan explosiva su paso por la adolescencia, pudiendo observar casos de chicos que apenas experimentan altibajos emocionales y viven este periodo con mayor normalidad.

Queremos finalizar con unas palabras de ánimo para los padres pues aunque parezca que los hijos los rechazan mediante crisis de oposición, es justamente para diferenciarse de ellos y encontrar su propia identidad, ese rechazo es pasajero y normalmente las aguas vuelven a su cauce. Tus hijos te necesitan

> La mejor ayuda que como padres podemos ofrecer es una conducta serena, estable, paciente, firme, dialogante, comprensiva y esperanzada, es decir, todo lo contrario a la suya

121

aunque parezca lo contrario, por tanto sigue dándoles muestras de amor y cariño a pesar de su rechazo inicial, es una auténtica batalla y quien más ama acaba ganando.

Sexta etapa: descubriendo el futuro.
¿Qué quiero yo? (20 años en adelante...)

Normalmente este apartado que corresponde al inicio del periodo adulto en la vida, no suele estar en todas las clasificaciones sobre el crecimiento evolutivo de nuestros hijos. Lo mencionamos porque los padres, que con mucho esfuerzo ya han sacado a sus hijos adelante, lo que más desean es que estos consigan una sana emancipación, autonomía, y comiencen a vivir su propia vida con ilusión y esperanza.

Se sabe que el inicio de la edad adulta viene determinado, no tanto por la edad cronológica, sino por los acontecimientos sociales y los retos a los que se enfrentan los jóvenes en esta moderna sociedad líquida, donde el reloj social parece que se está retrasando: aumento del periodo formativo antes de la incorporación al mundo laboral, y mayor competitividad en las oportunidades, retraso de la salida del hogar familiar, aumento de la edad en la que se establecen relaciones estables de pareja y se accede al rol de padres, o alarmante disminución en la tasa de natalidad. Estos cambios provocan una nueva etapa en la vida de nuestros hijos caracterizada por la imprecisión y la incertidumbre llamada "adultez emergente" donde ciertas tareas, normas y expectativas consideradas adecuadas o tradicionalmente adscritas para una determinada edad o periodo, se realizan de manera más imprecisa, o se ralentizan en el tiempo persistiendo la dependencia personal, familiar, económica.

Para los padres, esta sexta etapa es un periodo de nuevas preocupaciones, pues durante el periodo universitario o de formación en otros oficios, sus hijos estuvieron más o menos enfocados en concluir su etapa de aprendizaje. Cuando esta finaliza, nuevas incertidumbres llegan a la vida de ambos (padres e hijos) relativas a su futuro en general. La posibilidad, o no, de casarse, la posibilidad, o no, de emanciparse, etc., para muchos padres es un sufrimiento hasta que no ven a sus hijos situados o al menos encaminados en su futuro y propia independencia. Las palabras de Dios pronunciadas sobre Eva en el libro de Génesis son contundentes: *Multiplicaré en gran manera los dolores en tus preñeces, con dolor darás a luz los hijos*[60]. Cuando analizamos el texto original en hebreo nos da la verdadera connotación, pues el sentido de lo que se quiere expresar se asemeja a: *Criarás a los hijos con dolor,* por lo tanto no refiriéndose exclusivamente al dolor del parto, sino al dolor, la incertidumbre, o al menos el desasosiego, que acompaña la vida de todo padre y madre en la apasionante, pero difícil, tarea de soltar a sus hijos con garantías de que salgan adelante y consigan escribir su propia historia. Amar y sufrir es una condición inherente a la paternidad.

> Amar y sufrir es una condición inherente a la paternidad

---

[60] Gn.3:16.

Preguntas para la reflexión

Etapas evolutivas en el desarrollo de nuestros hijos

1. Identificar dónde está cada uno de vuestros hijos en las etapas evolutivas que se han visto.

2. Reflexionando juntos… compartamos las características básicas de cada una de las etapas:

   a. Ya estoy aquí.
   b. ¡Yo estoy aquí!
   c. ¿Quién más está aquí?
   d. ¿Quiénes son esos?
   e. ¿Quién soy yo?
   f. ¿Qué quiero yo?

3. Partiendo de la etapa en la que os encontréis como padres, ¿hay alguna característica de la etapa evolutiva en la que están vuestros hijos, que te ha llamado más la atención o a la que tengáis que poner más énfasis?

4. ¿Consideráis alguna etapa más importante que otra? ¿Por qué sí o por qué no?

5. La "temida adolescencia", como padres, ¿cómo prepararnos bien para no desesperarnos en esa etapa? ¿Cómo recuerdas tu propia adolescencia?

6. En vuestra vivencia personal, de cada uno, compartid cómo fue vuestro proceso de independencia de vuestros padres.

CAPÍTULO 5

Hacia una educación integral: valoración y disciplina

¿Qué es educar?

Bernabé Tierno afirma que los padres no nacemos sabiendo educar y cuando fundamos una familia, tampoco recibimos una formación acertada sobre las pautas educativas adecuadas. Si no nos preocupamos intencionalmente de formarnos, solo contamos con la experiencia de nuestra propia familia origen, que puede ser positiva o negativa. El término "educar" proviene del latín *educare* que significa "extraer, sacar hacia fuera". Por un lado hay que orientar señalando caminos y

> La educación familiar, es el arte mediante el cual los padres ejercen su acción sobre sus hijos para desarrollar adecuadamente sus aptitudes físicas, emocionales y espirituales

ayudando a que nuestros hijos los encuentren por ellos mismos, y por otro lado hay que ayudarlos a sacar a la luz lo que llevan dentro desarrollando toda su potencialidad. En definitiva educar, o más concretamente la educación familiar, es el arte mediante el cual los padres ejercen su acción sobre sus hijos para desarrollar adecuadamente sus aptitudes físicas, emocionales y espirituales, y que estas les capaciten para desarrollarse con garantías de éxito en su formación como adultos.

Queremos darle un lugar primordial a la educación de los hijos. Educar no es algo matemático que si haces esto tendrás tal o cual resultado, ¡no! No hay garantías de que si actuamos de una determinada forma habrá un resultado automático, pues en conducta humana no hay patrones fijos, no hay garantía de "éxito", pero sí hay muchas más posibilidades de que la educación funcione cuando como padres nos preparamos, planificamos y trabajamos bien lo que queremos conseguir en nuestros hijos. Además cada hijo por sus características personales responde en forma diferente a la educación, lo que funciona para uno, puede no funcionar de igual manera para otro, por ello como dice David Solá: *Los padres deben desarrollar la capacidad de transmitir los mismos principios a cada hijo, aunque de forma diferente.* Es por ello que nos encontraremos con grandes diferencias, pues no somos máquinas sino seres muy vulnerables e influenciables al entorno y nuestras propias emociones y particular personalidad. Cuanto más control tengamos los padres, cuanto más organizado y planificado sea nuestro trabajo

> Cuanto más organizado y planificado sea nuestro trabajo como padres, más satisfacción personal tendremos, más influenciaremos en nuestros hijos y menos sorpresas encontraremos

como padres, más satisfacción personal tendremos, más influenciaremos en nuestros hijos y menos sorpresas encontraremos. Pero no olvidemos que no es un proceso lineal, que habrá avances y retrocesos, alegría por lo conseguido y frustración por lo que no controlamos.

La educación integral en la Biblia: *justicia y misericordia*

La Biblia no es un libro antiguo, ni un libro moderno, es simplemente un libro eterno, y por lo tanto sus bases, su ética y sus enseñanzas son normativas para toda época y circunstancia, no pudiendo ser variadas a tenor de los énfasis particulares de cada cultura. El carácter paternal de Dios se evidencia desde las primeras páginas de la Biblia donde se nos muestra a un Dios creador, que asume el papel de padre tierno y considerado con sus hijos. Esta imagen pronto se ve drásticamente contrastada con la apariencia de un Jehová de los ejércitos fuerte y temible, un Dios de justicia dentro de una historia épica de batallas y conquistas que domina prácticamente todo el Antiguo Testamento. Cuando llegamos a las páginas del Nuevo Testamento la imagen de Dios encarnado en la persona de Jesús, nos ofrece la visión de un Dios de misericordia y compasión, donde la ternura y el amor son sus armas más valiosas. Esto nos hace entender que el mismo Dios que empuña la

> La Biblia no es un libro antiguo, ni un libro moderno, es simplemente un libro eterno, y por lo tanto sus bases, su ética y sus enseñanzas son normativas para toda época y circunstancia, no pudiendo ser variadas a tenor de los énfasis particulares de cada cultura

espada para pelear batallas, al mismo tiempo, posee la sensibilidad de abrazar, consolar y amar sin límites al ser humano. Y es que en Dios confluye tanto la bravura del Antiguo Testamento como la ternura del Nuevo, justicia y misericordia forman parte del tándem divino que marca la ética de las Escrituras.

El relato de la salvación del ser humano, de la humanidad entera en realidad, confluye en las propias palabras de Jesús en el evangelio de Juan: *A los suyos vino..., mas a todos los que le recibieron, a los que creyeron en su nombre, les dio la potestad de ser hechos Hijos de Dios*[61]. Esa filiación como hijos, solo se puede obtener cuando al arrepentirnos y reconocer el error de nuestros caminos, nos convertimos de criaturas de Dios a hijos de Dios, siendo Dios por lo tanto, nuestro Padre eterno y celestial. Al ser hechos hijos de Dios, otras facetas de Él mismo quedan eclipsadas por la figura del Padre, siendo nosotros, sus hijos, miembros de la familia divina. Ro.6:23 establece el patrón educativo con el que Dios nos trata como padre: *la paga del pecado es muerte, pero el regalo de Dios es vida eterna en Cristo Jesús*, o el Salmo 23:4: *Tu vara y tu cayado me infundirán aliento*, en estos textos queda reflejada la esencia de la educación integral que combina dos aspectos antagónicos pero complementarios: justicia y misericordia. Como veremos más adelante estos aspectos conforman el tronco de la verdadera educación: límites y libertad, disciplina y valoración, normas y afectividad.

Aplicando estas pautas bíblicas en la educación de nuestros hijos, queda claro que estos, deben recibir nuestro amor y nuestra firmeza juntos. Ninguna de estas cosas excluye a la otra. La firmeza no anula el cariño, y el mostrar afecto no disminuye la firmeza ni fomenta la permisividad. Es la falta de voluntad firme y de establecimiento de límites, lo que favorece la permisividad, pero nunca el amor y el cariño. Podemos

---

[61] Jn.1:11-12

tener la confianza de que estamos disciplinando debidamente a nuestros hijos, cuando nuestra relación principal con ellos es la de un amor incondicional. Sin esta base, ser padres se convierte en una pesada carga.

Los instructores de vuelo adecuados

¿Quién educa a nuestros hijos? ¿Son los valores que emanan de la Palabra o la sociedad permisiva? Se cuenta la historia de un fotógrafo que fue enviado de urgencia a cubrir una noticia sobre un incendio, le dijeron que se dirigiera rápidamente al aeropuerto donde habría una avioneta esperándole. Al llegar al pequeño aeropuerto vio que efectivamente había una avioneta con los motores encendidos y de inmediato se subió gritándole al piloto, ¡despegue! Una vez en el aire el fotógrafo le dijo al piloto: descienda sobre el incendio y haga dos o tres pasadas rasantes.

—¿Por qué? —preguntó asombrado el piloto.

—Porque soy fotógrafo y los fotógrafos hacemos fotografías —exclamó el reportero enfadado. Después de un corto silencio el piloto exclamó con evidente nerviosismo:

—¿Quiere decir que no es usted mi instructor de vuelo?

¿Por qué contamos esta historia? Porque en la educación de nuestros hijos la sociedad oferta muchos "instructores de vuelo" equivocados que no nos pueden ganar la partida. No debemos permitir la confusión y la perversión en nuestros hijos por parte de una sociedad que puede influenciarles y aun adoctrinarles en los caminos equivocados. No nos referimos solamente a la influencia de las redes sociales en general, de las que hablaremos más adelante, sino que lamentablemente muchas funciones educativas en aspectos de ética, moralidad y creencias, han pasado de ser privativas del entorno familiar, y están siendo traspasadas al ámbito civil y escolar, vulnerando el derecho de los padres a ser los únicos educadores de sus

> Por encima de todo, es y debe ser la familia, los padres, el hogar, los primeros educadores e instructores de vuelo en las vidas de nuestros hijos

hijos en estas materias. Esto es lo que la ideología de género infiltrada ya en la enseñanza escolar de muchos países, llama "colonización ideológica", término inquietante que nos debe preocupar, pues por encima de todo, es y debe ser la familia, los padres, el hogar, los primeros educadores e instructores de vuelo en las vidas de nuestros hijos.

Instruye al niño y no tendrás que reparar al hombre

Educad a los niños y no será necesario castigar a los hombres. Esta frase pronunciada por el filósofo Pitágoras hace 2.500 años, nos hace muy conscientes de una gran realidad. Para influir en el barro moldeable de la personalidad de nuestros hijos y darles una educación adecuada, el tiempo es muy limitado, pues los años impresionables de la niñez pasan demasiado rápido y lo que dejemos de educar en el niño, pasará factura en el hombre, por esto los padres deben ser los primeros instructores de vuelo en la vida de sus hijos.

> Alguien dijo una vez que la educación de un hijo comienza veinticinco años antes de que nazca, ya que su educación dependerá, a su vez, de la que hayan recibido los padres

Alguien dijo una vez que la educación de un hijo comienza veinticinco años antes de que nazca, ya que su educación dependerá, a su vez, de la que hayan recibido los padres. Pero mirando al futuro, los valores que los padres dejan a sus hijos influirán decisivamente en su existencia, les definirán como personas, ordenarán su escala de prioridades, y orientarán las decisiones importantes de sus vidas, entre las que se encuentran la propia educación que transmitan y reproduzcan en las futuras generaciones.

Hace unos días una madre que estaba bastante angustiada con su hija adolescente, llorando nos decía: *¿Por qué hoy es tan difícil la educación? En mi casa fuimos 6 hermanos y mis padres nos llevaron muy bien, todos salimos muy responsables.* En otra ocasión hablábamos con un matrimonio mayor que habían criado y sacado adelante a 4 hijos y nos decían que para ellos no había sido difícil, que ahora veían a sus hijos con tantas luchas con sus nietos y no podían entender porqué hoy se hace tan complicado. Ellos nos comentaban que antes simplemente todos tenían muy claro su rol y su responsabilidad y los padres se encargaban de que cada uno lo cumpliese: "Antes no nos preocupábamos tanto por la educación y las cosas iban mucho mejor que ahora, hoy no hay disciplina, respeto, los niños hacen lo que quieren, ¿dónde está la autoridad de los padres? ¿Qué pasa hoy entre los padres y los hijos?"

Estas preguntas están respondidas en la primera parte del libro donde hablamos de la modernidad líquida y la ideología de género. La ausencia de estructuras de autoridad y de los valores judeocristianos en general, ha provocado que los diques se rompan y las aguas se desparramen sin control. El antídoto está en el hogar y en la educación con la que equipemos a nuestros hijos.

Son muchas las preguntas que como padres nos hacemos: ¿Cómo hacerlo mejor, qué método es el más efectivo, qué pautas seguir para

> Somos los padres quienes debemos hacer el esfuerzo de estar en proceso de reciclaje continuamente, para que en la educación de nuestros hijos sepamos y logremos llevar la delantera

que nuestros hijos respondan de la mejor forma?, etc. Somos los padres quienes debemos hacer el esfuerzo de estar en proceso de reciclaje continuamente, para que en la educación de nuestros hijos sepamos y logremos llevar la delantera. En los últimos años hemos realizado algunas escuelas de padres en diferentes colegios y, aunque la experiencia ha sido muy positiva para todos los que hemos participado, hay una triste realidad, y es que para un colegio de 1000 alumnos, la asistencia a la escuela de padres era de 12 personas, mayormente madres. Muchos comentaban que precisamente no estaban los que tendrían que estar.

¿Pasa lo mismo en nuestras iglesias? ¿Tenemos escuelas de padres, conferencias para matrimonios y talleres familiares? Desde aquí queremos hacer una llamada de atención a todos los padres y madres. Es importante, es más, es vital para la salud emocional de la familia y en especial de tus hijos que los padres aprovechemos todas las oportunidades que tengamos para seguir aprendiendo y creciendo. Ahí nos daremos cuenta que no somos esos bichos raros que pensábamos, que no solo nos pasa a nosotros, sino que todos luchamos con los mismos gigantes en la educación. Nuestros hijos, tus hijos, se merecen lo mejor. Nunca perdamos de vista que el hogar es el primer lugar donde deberíamos dar lo mejor de lo que somos.

Aunque no nos guste, la mayoría de los padres, como ya hemos mencionado, aprendemos en ocasiones por el método de "ensayo y error", nuestros hijos no traen un manual personalizado de cómo educarlos según sus características personales. En un sentido nuestros hijos, especialmente el primero, son como esos "conejillos" con los que tenemos que hacer nuestro aprendizaje personal. Un alto porcentaje de padres aprenden así, a base de errores, pero cuantos más errores podamos evitar tanto mejor para todos. Cuanto más nos podamos informar nosotros para poder formar a nuestros hijos, menos errores cometeremos y más saludable será la familia. Por tanto, ¡mucho ánimo, papás! Porque aunque no sea fácil, tenemos la oportunidad de dejar en nuestros hijos nuestra propia huella positiva mediante una sólida educación en valores.

Características de los padres educativos

En el apartado de "modelos y tipos de paternidad", mencionamos el concepto de padres instructivos, resaltando la importancia de que en el proceso de educar a nuestros hijos tiene que haber instrucciones claras, precisas y muy intencionales. Ahora mencionamos algunas características importantes a tener en cuenta en nuestro papel de padres y educadores de nuestros hijos, para desarrollar en ellos el músculo de la voluntad y el tesón.

– *Claridad en los roles y en la sana jerarquización*: Dada la tendencia natural de todo niño a buscar sus propios intereses y atender solo al dictado de sus necesidades físicas y emocionales, es prioritario que los padres entiendan que sus hijos necesitan orden y tener muy claro cuál es el papel y la función de cada uno en el hogar. Recordemos para ello el principio bíblico de que donde no hay *orden* hay *caos*. Cuando los padres en unidad de criterio tienen clara su autoridad y balance entre los valores directivos y los afectivos, se genera una sana jerarquización de funciones que provoca casi de forma natural el que nuestros hijos asuman que quien tiene la autoridad son sus padres. Cuando cada uno entiende y se coloca en la posición y rol que le corresponde (padres en autoridad, hijos en obediencia) se entra también en un orden natural que propicia el aprendizaje y evita actitudes manipulativas por parte de nuestros hijos[62].

---

[62] Col.3:18-23, establece un modelo de funciones y de responsabilidad en la familia.

- *Claridad en los valores a transmitir:* Lo acabamos de mencionar, donde no hay claridad y orden, se genera confusión y caos. Como padres debemos asimilar que somos los principales transmisores de valores en las vidas de nuestros hijos. No podemos dejar perdidos ni confusos a nuestros hijos sin normas y límites que les dicten las reglas del juego. Los valores de perseverancia, honradez, orden, obediencia, sentido de responsabilidad, respeto, etc., se constituyen en los límites y las normas por las que guiarse transmitiéndoles la seguridad que les marque un camino a seguir. Los niños necesitan saber que sus padres saben lo que están haciendo. Padres seguros generan hijos seguros.

- *Saber mantener un equilibrio entre el amor y la disciplina:* El amor en sí conlleva disciplina. El verdadero amor no evita que nuestros hijos tengan que enfrentar dificultades, esfuerzos, es más, lo permite para que ellos aprendan a ser responsables, maduros y exigentes consigo mismos. Los padres que evitan a sus hijos todo tipo de dificultades, crean hijos débiles, inseguros y poco esforzados y les privan del valor de ir adquiriendo confianza y seguridad personal, aspectos clave para su desarrollo psicoafectivo. Un sano equilibrio entre el amor y la disciplina, proporciona al niño la seguridad de saberse amado, privándole al mismo tiempo de la posibilidad de que ante la ausencia de afectividad al aplicar la norma, se generen sentimientos de rebeldía e injusticia. En el siguiente apartado, trabajaremos más a fondo estos aspectos.

- *Coherencia e integridad personal:* La integridad es una sabia combinación entre la creencia y la experiencia, pues si no practicamos lo que decimos, perdemos la autoridad frente a nuestros hijos. Es por esto que los padres debemos mantenernos firmes en lo que demandamos poniéndolo en práctica en nuestras propias vidas. La fuerza educativa no consiste tanto en la palabra como en el hecho. Si por ejemplo les decimos a nuestros hijos que deben lavarse las manos antes de comer y ellos observan que nosotros como padres no lo hacemos, se quedan con el hecho y aprenden que cuando sean adultos ya no

> La integridad es una sabia combinación entre la creencia y la experiencia, pues si no practicamos lo que decimos, perdemos la autoridad frente a nuestros hijos

tendrán necesidad de lavarse las manos. Un sabio dijo: *Las pisadas que un niño suele seguir, son las que su padre pensó que había ocultado.* Por eso debemos siempre actuar desde la madurez, desde la coherencia interna, ofreciendo lo mejor de nosotros mismos. La autoridad como padres nos viene otorgada de forma natural, cuando nuestros hijos ven coherencia entre lo que les decimos que hagan, y entre lo que nosotros mismos hacemos, siendo muy conscientes de que vamos a fallar en ocasiones, y sabiendo aprovechar esos errores para enseñar el valor del perdón[63] y la realidad de que todos estamos en un proceso de aprendizaje, tanto ellos como nosotros, pues cuando nuestros hijos sienten que en algunos aspectos estamos en el mismo barco, se saben cómplices y compañeros del mismo proceso de aprendizaje. En el arte de vivir y aprender en familia, nunca es demasiado tarde, ni para los padres ni para los hijos.

Valores proactivos: *formando en valoración*

También los ajustes en la educación de nuestros hijos requieren tener un equilibrio entre lo que llamamos valores

---

[63] Para ampliar información sobre el importante concepto del perdón, ver p. 203 - 207, de nuestro libro *Tu matrimonio sí importa.*

proactivos y valores coercitivos. Se trata de fomentar los polos opuestos, pero complementarios, que faciliten el desarrollo de una educación integral. Por un lado los valores proactivos (afectividad, ternura, valoración) proveen la energía que da la aceptación y la autoestima, y por otro lado los valores coercitivos (normas, límites, fronteras familiares, reglas de vida) canalizan y proveen los cauces adecuados para desarrollar correctamente ese potencial y energía. Por tanto, para la educación de nuestros hijos, se necesitan dos aspectos importantes y antagónicos: gratificación y frustración. Con la gratificación los niños se saben aceptados y valorados y mediante la frustración aprenden que no se puede conseguir todo lo que se desea y que hay que aceptar las reglas del juego. Esa fuerza y energía de lo positivo es como el torrente de un río que necesita de un cauce que le provea límites y oriente su sentido de dirección. Es entonces y desde una sana combinación entre amor y límites que los hijos respetarán a los padres.

En una ocasión se celebraba una carrera de sapos con el cometido de escalar una escarpada montaña. Al dar el pistoletazo de salida todos salieron dando saltos entre los gritos de la muchedumbre. Al comprobar la dificultad de los participantes para escalar la montaña, los asistentes a la prueba comenzaron a exclamar: no lo podrán conseguir, es demasiado esfuerzo, los sapos no fuimos diseñados para escalar, etc., poco a poco los sapos comenzaron a abandonar la prueba, abrumados por la dificultad y la poca motivación que recibían, al final solo quedo uno, que haciendo caso omiso de las advertencias, finalmente logró coronar la cima de la montaña. Asombrados, el resto de los sapos le preguntaron cómo lo había conseguido y entonces descubrieron con sorpresa ¡que el sapo era sordo!

La historia nos sirve para entender como las palabras tienen la facultad de desalentar o de animar, máxime cuando las aplicamos en la educación de nuestros hijos. Las palabras de afirmación y la valoración son poderosos motores que alientan y fortalecen la autoestima de nuestros hijos. Mark Twain decía: *Puedo vivir dos meses con un buen cumplido*, pues el elogio solo tiene valor cuando se comunica. La valoración, el reconocimiento de los propios méritos y la consideración por parte de los padres hacia los hijos, son una recompensa que les anima a seguir mejorando su conducta, pues toda conducta que recibe un premio tiende a repetirse. Estemos pues muy atentos a premiar, alabar y estimular en nuestros hijos todas las conductas positivas.

> La valoración, el reconocimiento de los propios méritos y la consideración por parte de los padres hacia los hijos, son una recompensa que les anima a seguir mejorando su conducta, pues toda conducta que recibe un premio tiende a repetirse

Hace años nuestro buen amigo el psiquiatra Carlos Raimundo, realizaba una terapia con una reconocida poetisa alemana, para que ella pudiese recordar algún momento hermoso vivido con su padre, habida cuenta de que acudía a consejería por el rencor que aún sentía hacia su progenitor como padre distante y autoritario. En el proceso Carlos le pidió a la señora que intentara recordar algún momento cotidiano, por trivial que pareciese, donde su padre le hubiera dicho algo positivo. Haciendo un gran esfuerzo la mujer logró recordar como en una ocasión estando en el jardín de la casa, ella con apenas 6 años le comentó a su papá que los árboles estaban verdes y el cielo era azul, a lo que su papá le respondió: *Vaya, hija, eso es bonito, podrías escribirlo*, en aquel momento y con lágrimas en los ojos, ella se dio cuenta de que las únicas palabras de afirmación que recordaba de su padre, la habían alentado a ser la poetisa reconocida que era. Sí, el poder de las palabras es muy poderoso.

Una forma práctica de conseguir objetivos mediante la valoración, son los incentivos. Un incentivo es algo que mueve a realizar una acción y que mantiene el entusiasmo durante su desarrollo, y los niños necesitan ser incentivados constantemente pues son muy sugestionables y pueden ser desanimados con facilidad: "Vaya, se te da muy bien dibujar, sigue adelante", "Me gusta mucho como has ordenado los juguetes hoy". Con semejantes mensajes conseguimos mantener alto el nivel de interés y la motivación. Asimismo debemos tener muy en cuenta que se debe estimular al niño más por el esfuerzo que ha empleado que por el resultado obtenido, pues realmente lo que nos interesa es hacerle muy consciente de los progresos que ha logrado alentándoles a seguir adelante.

Igualmente debemos apoyar a nuestros hijos y animarlos cuando se equivoquen y cometan un error, pues deben integrar que el error, el fallo, es parte inevitable de la condición humana. Todo niño debería crecer con la convicción de que no es una tragedia ni una catástrofe cometer un error, pues los errores forman parte de la vida, y esto implica que como padres debemos ayudarles a restar importancia a los fracasos. Por ello es importante también que el niño sepa descubrir de cada situación de fracaso, los aspectos positivos, mediante nuestro apoyo y valoración, pues así entenderá la situación vivida, como una oportunidad para aprender y crecer como persona.

En definitiva, cuando educamos a nuestros hijos en aspectos de valoración y respeto, crecerán confiados en sí mismos, sintiéndose queridos, aceptados, y aprendiendo a ser positivos con los demás. Esto forma parte de los aspectos de gratificación, pero recordemos que para un balance adecuado, necesitamos también los aspectos de frustración, punto que ahora abordaremos.

Valores coercitivos: *formando en disciplina*

Cuando decimos valores coercitivos nos referimos a aquellos valores que forman el carácter de nuestros hijos a través de límites, autoridad, normas y reglas de conducta. Es decir todo lo que tiene que ver con el ejercicio de una sana disciplina, sin olvidarnos que todos sus ingredientes deben venir aderezados con los mencionados valores afectivos, pues como dice Josh McDowell: *Las normas que no surgen de una relación de amor provocan rebeldía.* La disciplina es el aprendizaje del orden, la orientación de la conducta y el dominio de los niños sobre sus propios actos. Disciplinar a nuestros hijos es ayudarlos a tomar las riendas de sus propias vidas de forma responsable y madura. La disciplina no debe ser asociada con castigo, sino con educación, con enseñanza y aprendizaje, pues la palabra disciplina proviene de "discípulo" y un discípulo es una persona que aprende de la guía y los consejos de su maestro. Mediante la disciplina nuestros hijos aprenden a formar buenos hábitos y actitudes, valores y fundamentos sólidos que les proporcionarán confianza en sí mismos y fe en el futuro.

Al decir disciplina nos estamos refiriendo al ejercicio de la autoridad y a la firmeza ejercida de manera coherente, ofreciendo razones y no recurriendo a la imposición que suele caracterizar siempre el autoritarismo y la tiranía educativa. La disciplina informa claramente al niño, no solo de lo que debe hacer, sino de las consecuencias positivas o negativas que tendrá su comportamiento, lo que les hará sentirse seguros y protegidos. Es necesario que el niño sepa anticipar lo mal que lo pasará, si hace algo que no sea correcto, pues la disciplina tendrá como objetivo llevar al niño a hacer aquello que debe y no solo lo que le guste o le apetezca, y para eso necesitará límites porque sin ellos, hasta que alcance la autonomía, estará perdido. El libro de Hebreos es claro en este aspecto: "ninguna disciplina al presente parece ser causa de gozo sino de tristeza, pero después produce fruto apacible en aquellos que en ella han sido ejercitados"[64].

El padre y la madre deberán poner los límites necesarios, ser ellos los que tengan la última palabra por el bien de sus hijos. No abogamos por una educación autoritaria pero sí con autoridad, tomando la distancia necesaria para poder establecer los límites correctos. Hoy día son muchos los padres que bajan tanto al terreno de los hijos queriendo identificarse con ellos, que generan una alarma importante, pues pasan a ser más colegas que padres, no consiguiendo establecer las normas para una vida ordenada y coherente.

Asimismo los padres deben tener en cuenta que las situaciones de desobediencia y rebeldía son comunes en todos los hogares. Los niños, al principio de su vida, sienten cierta necesidad de oponerse para encontrar su propio lugar, necesitan desafiar a sus padres, bordear los límites disciplinarios y, en definitiva, rebelarse desafiando la autoridad. Sin embargo, esto no implica que el adulto no haga lo que debe, que es educar, a pesar de la tensión que se pueda generar. La lucha de poder la deben ganar siempre los padres, no evitando la confrontación, pues aunque la disciplina no debe ser sinónimo de dureza, sí de transmisión de normas claras y firmes para la vida.

En casi todas las carreteras de montaña hay unas vallas que delimitan el camino y diferencian la carretera del precipicio. No son muy altas ni tampoco podrían evitar que un vehículo fuera de control cayese al vacío, pero generan seguridad porque delimitan y definen el camino. Seguramente por eso se las conoce popularmente como "quitamiedos". En la educación de nuestros hijos los límites operan como esos quitamiedos que

---

[64] He.12:11

marcan y señalan el camino a seguir, pues en muchas ocasiones el niño no puede saber qué es lo que le conviene y le da mucho sentido de protección, que sean sus padres quienes le digan lo que debe hacer definiendo así el camino de su educación.

Los límites que establezcamos en la vida de nuestros hijos deben ser muy claros y razonables, que le den seguridad al tiempo que les ofrezcan algún margen de libertad para ir tomando sus pequeñas decisiones dentro de ese cauce predeterminado. Por ejemplo, si a un niño con 8 años le pedimos que nos ayude a recoger las hojas del patio, podemos dejar a su elección el tipo de escoba o recogedor que puede utilizar (¡si es que tenemos varios!) El principio a aprender aquí es que los límites deben dejar un margen de libertad personal para ir formando criterio propio en pequeñas cosas. De esta forma, pasará en el tiempo de la disciplina a la autodisciplina, que se consigue cuando el niño integra los límites y ya no se mantienen por imposición sino por hábito adquirido.

> Los límites que establezcamos en la vida de nuestros hijos deben ser muy claros y razonables, que le den seguridad al tiempo que les ofrezcan algún margen de libertad para ir tomando sus pequeñas decisiones dentro de ese cauce predeterminado

Las normas y límites establecidos han de cumplir unos requisitos mínimos teniendo siempre en cuenta que hay que mantenerlos siempre. Es mejor no poner reglas, que ponerlas y no cumplirlas, porque se pierde totalmente la autoridad. Veamos qué requisitos deben cumplir:

– Que sean sencillas y simples.
– Que sean justas y proporcionadas.

- Que sean razonadas y entiendan porqué se las exigimos.
- Que sepamos valorar y reforzar el cumplimiento de las mismas.
- Que sepan que si no las cumplen, habrá consecuencias.

Recordemos que en la exigencia de estas normas y límites, son nuestros propios límites como padres los que realmente van a internalizar los hijos.

Preguntas para la reflexión

Hacia una educación integral: valoración y disciplina

1. Escribid, o hablad, sobre vuestra propia definición de qué es educar hoy. Las responsabilidades de los padres y de los hijos en la educación.

2. Comentar los "instructores de vuelo" que nuestros hijos tienen hoy. Pensar en formas de compensar y "amortiguar" las instrucciones erróneas en los hijos.

3. ¿Podemos arriesgarnos al método "ensayo y error" en la educación de nuestros hijos?

4. En las características de los padres educativos vistas, ¿cuál destacaríais, añadiríais alguna más...?

5. ¿Qué efecto ha tenido para ti las palabras que te han dicho en tu niñez? Escribe, o comenta, frases positivas que te dijeron y fueron de refuerzo para tu vida.

6. Valoración y disciplina, ¿qué va primero y por qué?

7. Crea, junto a tu cónyuge, un plan de acción práctico para formar a tus hijos entre valores proactivos: valoración y coercitivos: disciplina.

CAPÍTULO 6

¿Quién manda en casa? ¡La autoridad no está de moda!

Las estructuras de autoridad y el orden de la creación

Las consecuencias del pecado en Génesis 3, provocaron entre otras cosas, la necesidad de crear estructuras de autoridad, necesidad generada por la falta de responsabilidad que causó la desobediencia. Cuando el hombre y la mujer toman del fruto prohibido, la relación consigo mismos, con Dios y entre ellos, se rompe y desvirtúa con la entrada de los frutos del pecado: muerte, miedo y dolor.[65] Cuando Dios le pide cuentas a Adán

---

[65] Ya Dios había advertido a Adán que el día que comiera del fruto prohibido, moriría (Gn.2:17) Ro.6:23 declara que la paga del pecado es la muerte, en Gn.3:10, y justo después de pecar, Adán experimenta por primera vez el miedo y la vergüenza frente a Dios. Más adelante en los vs.16 y 17 Dios declara que la mujer dará a luz a los hijos con dolor y que el hombre trabajará la tierra con dolor.

sobre si ha comido del fruto prohibido, este acusa a Eva y ella a su vez acusa a la serpiente. La psicología del pecado está presente y ninguno quiere asumir su parte de culpa y responsabilidad. Desde entonces se han hecho necesarias las estructuras de autoridad que nos ayudan a asumir nuestros deberes y nos colocan en una sana jerarquización, que nos hace a todos iguales frente a Dios pero con distintas responsabilidades.

Las estructuras de autoridad se dan en todos los ámbitos de la vida y sirven para regular las relaciones y organizar las sociedades dentro de un orden. En las carreteras existen estructuras de autoridad que son los policías a los que tenemos que saber sujetarnos y obedecer, para que el tráfico funcione. En los pueblos y ciudades existen estructuras de autoridad que son los ayuntamientos, necesarios para regular, advertir, ayudar, sancionar y proteger, la vida de los ciudadanos. Y en las familias deben existir unas estructuras de autoridad formadas por los esposos, que se deben respeto y apoyo mutuo cada uno en sus distintos roles, y también formadas por la pareja misma en su papel de padres hacia sus hijos. Estar "bajo autoridad" y obedecer, unido a estar "en responsabilidad" y dirigir, son los polos opuestos pero complementarios, que cimentan la estructura de una personalidad estable.

> Estar "bajo autoridad" y obedecer, unido a estar "en responsabilidad" y dirigir, son los polos opuestos pero complementarios, que cimentan la estructura de una personalidad estable

Hace apenas 30 años en la mayoría de los pueblos y barrios de las ciudades, existían al menos 3 estructuras de autoridad que nadie cuestionaba y que cumplían su función: el hogar, la escuela y la iglesia. En el hogar, desde luego, no se cuestionaba la autoridad de los padres, simplemente se asumía y se obedecía. En la escuela, el maestro era "Don Pedro o Dña. Rosa" y nadie ponía en duda su posición de liderazgo ni le faltaba al respeto. En la iglesia lo que decía el sacerdote[66] y nunca mejor dicho, aplicando la frase tan popular, "iba a misa". Bien es cierto, que en muchos casos era una autoridad mal ejercida bajo la ley de "aquí se hace lo que yo digo y punto" y que sobre esa premisa se han cometido verdaderas injusticias, pero eso no invalida el ejercicio legítimo de una autoridad equilibrada.

La primera institución creada como estructura relacional, es el matrimonio en Gn.2:24, por tanto es en la familia donde los niños reciben las primeras claves educativas que conformarán su carácter y personalidad. En el orden de Dios para la familia, los padres son la autoridad que los hijos deben respetar y obedecer, padres e hijos no están en un plano de igualdad sino en una sana jerarquización donde la responsabilidad de los padres ejerce una autoridad, que como ya hemos visto, debe combinar valores proactivos y valores coercitivos, y la responsabilidad de los hijos es obedecer y respetar a sus padres. Los padres son adultos a los que se les supone una sabiduría que los hijos no tienen, pues hasta la adolescencia, ellos tienen una gran capacidad para aprender datos y conocimientos, pero carecen del sentido común necesario para afrontar muchas situaciones de la vida diaria.

Por otro lado, el ser autoridad conlleva no solo tener poder para "mandar" sobre nuestros hijos, sino también una gran capacidad persuasiva para mantenerlo. En realidad cuanta más autoridad tenemos como padres, menos hemos de ejercer el poder y el control sobre nuestros hijos. Y al contrario, en la medida que nuestra autoridad disminuye, debemos imponer medidas coercitivas para mantenerla: castigos, gritos, enfados, etc., que cada día han de ser mayores para que tengan efecto,

---

[66] En la España de hace 40 años la religión mayoritaria, por imposición del estado, era la católica.

minando así la buena relación entre nosotros y nuestros hijos y por consiguiente, la calidad de la vida familiar.

La autoridad bajo sospecha:
¿Qué es y cómo se ejerce?

Vivimos tiempos complicados donde las funciones parentales han perdido derechos y son los hijos a los que se les atribuyen, restando así la autoridad de los progenitores. Es decir que a los padres se les resta autoridad y a los hijos se les dotan de unos derechos y privilegios que no están capacitados para ejercer. Es cierto que en épocas pasadas el padre tenía plena potestad sobre la vida de sus hijos, llegando incluso, en la época patriarcal, a decidir sobre su vida o muerte. Desde luego eso implicaba un dominio autoritario y una negación de derechos fundamentales, pero lamentablemente en nuestra época nos hemos ido al otro extremo, ya se sabe, la famosa ley del péndulo. Hoy día hay padres que son denunciados por sus hijos asistiéndoles todos los derechos legales, y aun padres maltratados a los que sus hijos humillan y vejan. Esto es de locos, el mundo al revés. Debemos recuperar la cordura y el equilibrio rescatando el sano sentido de autoridad.

El término autoridad se deriva del verbo latino *"augere"*, que quiere decir "ayudar a crecer". Por tanto se trata de un término positivo que en otra acepción de su significado latino añade la idea de que autoridad viene de "autor", y un autor es alguien que *expone* no que *impone*, es decir que convence por exposición de argumentos y no por imposición de los mismos[67]. La autoridad debe estar basada en una relación de afectividad y de amor, ejercida y reconocida de forma natural pues no es

---

[67] Aplicado a la educación de nuestros hijos, sí debe haber, al menos en las primeras etapas de su infancia, un cierto sentido de "imposición" donde el padre manda y el hijo obedece.

algo que se otorga, más bien se gana y se reconoce sin necesidad de utilizar la fuerza de la imposición, que a veces se hace necesaria cuando hay luchas de poder y debe quedar clara la jerarquización de funciones. Es decir, la verdadera autoridad no genera miedo en nuestros hijos, sino respeto y confianza, es algo que debe fluir desde dentro y por lo tanto no es necesario imponerse porque "se lleva puesta", y los hijos la reconocen de forma natural.

> La verdadera autoridad no genera miedo en nuestros hijos, sino respeto y confianza, es algo que debe fluir desde dentro y por lo tanto no es necesario imponerse porque "se lleva puesta", y los hijos la reconocen de forma natural

La autoridad aplicada a la educación implica siempre capacidad para dirigir y capacidad para ejercer el control, pero ambos aspectos deben estar fundamentados en la comprensión y aceptación por parte del niño[68] y en la actitud positiva de la conducta propia. Todo se manejará mejor si hay un auténtico interés en la persona del hijo y en buscar siempre su crecimiento en madurez. No recordamos el autor, pero alguien acertadamente mencionó que la autoridad *es el derecho natural que tienen los padres para dirigir y guiar a sus hijos que están bajo su responsabilidad y cuidado, con el propósito de que se desarrollen en un sano equilibrio psicoafectivo.*

La autoridad debe diferenciarse del autoritarismo que se impone por la ley del más fuerte, donde el "ordeno y mando" eran ejercidos desde un control férreo que obligaba por miedo e imposición. Los padres que necesitan continuamente

---

[68] Aunque en el momento de ejercer esa autoridad en control y dirección, nos encontremos de mano, con cierta resistencia por parte de nuestros hijos, a los que será necesario explicarles con serenidad que es para su propio beneficio y que los amamos por encima de todo.

imponerse sobre sus hijos, menospreciando sus opiniones y no escuchándoles, quedarán invalidados para ejercer la autoridad, quedándose solo con el autoritarismo mediante el cual ciertamente conseguirán imponer su voluntad, pero debido al miedo que generan. Esto provoca que los hijos obedezcan mientras sus padres están delante, pero también provoca lamentablemente que no interioricen ninguna de las normas que les son impuestas mediante el argumento de la fuerza. En estos casos, cuando los padres no están, el niño dejará de cumplir con lo mandado.

Ya lo hemos mencionado, la autoridad ejercida desde una ausencia de amor y comprensión, acaba provocando rebeldía. Ester Martínez comenta al respecto: *La autoridad es otra cosa, tiene una carga mucho más positiva, se valora como una virtud. Se ejerce de forma natural, sin necesidad de ejercitar la fuerza, de imponerse, es una manera de vivir que genera un ambiente particular en el que hay confianza pero, a la vez, respeto... La autoridad ha de tener como sustrato la justicia, la coherencia, el conocimiento, la verdad, el sentido común y, sobretodo, la implicación afectiva. Si se ejerce la autoridad sobre una base de amor no se dará cabida a los malos tratos.*[69]

Consecuencias de la pérdida de autoridad en los hijos

Cuando los padres no tienen autoridad, los hijos se convierten en autoridad, llegando a disponer y a usar la correspondiente cuota de poder manipulando y controlando a sus progenitores. Nadie quiere a un jefe que no tenga ni sabiduría, ni sentido común a la hora de ejercer su poder, porque estaremos frente a un tirano, un auténtico dictador, que en realidad es en lo que se convierten nuestros hijos cuando abdicamos de

---

[69] Martínez, Ester, Op. Cit., p.236

nuestra paternidad responsable. Otra consecuencia derivada de la pérdida de autoridad, en este caso cuando nuestros hijos son ya adolescentes, es que si no tienen la autoridad en casa, porque la hemos perdido, la buscarán fuera de ella con los consabidos peligros. Buscarán líderes y modelos en la alacena de esta sociedad, que en muchos casos no siempre serán positivos para ellos. O por otro lado, también pueden refugiarse en su nuevo grupo de amigos a los que pueden llegar a seguir ciegamente, sin hacer caso a los esfuerzos de las personas que realmente los aman, su propia familia.

> Cuando los padres no tienen autoridad, los hijos se convierten en autoridad, llegando a disponer y a usar la correspondiente cuota de poder manipulando y controlando a sus progenitores

Es evidente que la pérdida de autoridad conlleva un aumento de la conflictividad dentro del hogar, donde las consecuencias para los padres serían hijos que pueden terminar tiranizando y controlando el hogar, y que tendrían las tristes características siguientes:

– Menos autocontrol y mayor impulsividad emocional. Se dirigen por la emoción y no por la razón, pudiendo convertirse en pequeños tiranos.
– Poca tolerancia a la frustración con la consiguiente irritación ante la adversidad, y una evidente falta de constancia y compromiso, que se manifiesta en mayor medida durante la adolescencia.
– Prioridad ante la satisfacción personal, manifestando una conducta caprichosa, inmadura y egoísta, consecuencia natural de una educación sin límites y autoridad.

151

- Inmadurez, vulnerabilidad e incapacidad de hacer las cosas de forma independiente. Esto genera hijos débiles de carácter y con altas posibilidades de vivir una adolescencia perpetua.

Estos hijos con las características mencionadas, en gran medida serían víctimas de una falta de responsabilidad a la hora de aplicar autoridad, normas y disciplina por nuestra parte. Esto no justifica hijos tiranizados, pero explica cómo se ha llegado a esas conductas tan dañinas e inmaduras. Por otro lado no quisiéramos que nadie se sintiera culpable al reconocer en alguno de los puntos que vamos a mencionar, su propia realidad personal. Todos podríamos identificarnos con varios de los siguientes fallos, pues el hogar y la familia es una escuela para la que nadie llega enseñado, siendo muchas veces los propios errores los que van dándonos experiencia y capacidad. Estos errores que puedan sufrir nuestros hijos, se subsanan en gran medida cuando somos capaces de reconocerlos frente a ellos pidiéndoles perdón. Aunque en ocasiones si ha pasado demasiado tiempo y ya no son niños, puedan estar endurecidos e insensibles.

Consecuencias de la pérdida de autoridad en los padres

Ahora nos toca darle "la vuelta a la tortilla" y enumerar las causas que, por parte de los padres y al no ejercer autoridad, hayan podido provocar hijos tiranos, egoístas e inmaduros.

- *Padres permisivos y pasivos.* Es imposible educar sin entrar en conflicto con nuestros hijos, ni se puede ni se debe evitar, pero lamentablemente es lo que hacen los padres pasivos. Los niños al nacer, en muchos aspectos carecen de la conciencia sobre lo que es bueno o malo. Por ejemplo no saben si se puede pintar en las paredes o no. Los padres somos los que hemos de decirles lo que está bien o lo que está mal, y cuando no lo hacemos debido a nuestra permisividad, les potenciamos el que se conviertan en esos pequeños tiranos que hemos mencionado. El dejar que tire las cosas y salte sin control encima del sofá argumentando que es pequeño o por miedo a frustrarlo, es el principio de una nefasta educación.

- *Padres autoritarios y controladores.* Es el extremo opuesto, pero igualmente negativo, al de la permisividad. Se trata de conseguir a cualquier precio que el niño haga todo lo que el padre quiera, anulando su personalidad y generando rebeldía. El autoritarismo solo persigue la obediencia ciega y el control férreo. Su meta no son niños equilibrados y con dominio propio, sino hacer una persona sumisa, esclava y sin iniciativa, que haga todo lo que le dicta el adulto. Es tan negativo para la educación como la permisividad.

- *Padres poco coherentes con sus decisiones.* Se trata de aquellos padres que ceden y se desdicen después de decir no, transmitiendo el mensaje a sus hijos de que son débiles de carácter y con insistencia pueden conseguir que un "no", se convierta en un "está bien, hazlo y déjame en paz". Por eso la primera regla de oro a respetar es la de mantener el "no", una vez que lo hemos dicho, es decir el "no" una vez que se sentencia, debe ser innegociable. Si los padres no son coherentes con sus demandas, el niño aprende muy pronto que cuanto más amenazan o exigen, menos cumplen lo que dicen, siendo cada amenaza e

> Los niños han de tener referentes estables donde las reacciones de los padres sean siempre dentro de una misma línea ante los mismos hechos, y con decisiones consensuadas y mantenidas

incluso cada promesa no cumplida, un desgarrón en el vestido de su autoridad. Ya hemos dicho que los niños han de tener referentes estables donde las reacciones de los padres sean siempre dentro de una misma línea ante los mismos hechos, y con decisiones consensuadas y mantenidas.

- *Padres impacientes que gritan a sus hijos.* Con los hijos olvidamos que nadie ha nacido enseñado y que debemos tener mucha paciencia, ya que todo proceso educativo requiere un período de aprendizaje con sus correspondientes fallos y errores. De hecho todos los padres acaban reconociendo haber perdido la paciencia ante sus hijos, pues parecen especialistas en sacarnos de nuestras casillas. Cuando esto ocurre con gritos y expresiones airadas, supone un maltrato que genera humillación y una merma en la autoestima de nuestros hijos. Al mismo tiempo modelamos en ellos el mismo patrón negativo que puede que reproduzcan en sus futuras relaciones familiares.

Premios, castigos, normas y recompensas

En este apartado nos interesa resaltar aspectos de la educación integral sobre los valores proactivos y los coercitivos. Queremos hacerlo con indicaciones prácticas sobre cómo aplicar las normas, qué tipo de recompensas podemos ofrecer y su variación en cuanto al rango de edades, cuál es la diferencia entre el castigo y la disciplina, cuál es el momento adecuado para aplicarlos, y qué cosas deben o no recompensarse y en qué medida.

En su pequeño mundo egoísta, el niño tiene que ir aprendiendo los conceptos de un ser sociable: obedecer, compartir, cumplir sus responsabilidades, conocer sus límites, razonar sus acciones etc. Este proceso se consigue mediante los ingredientes educativos que mencionamos: premios, castigos, normas y recompensas. Por ejemplo, cuando enseñamos al niño las reglas de comer a una hora, tener un tiempo específico para sus tareas escolares, un tiempo pactado de juego, tareas domésticas de responsabilidad (sacar la basura, dar de comer al perro, ayudar a poner y quitar la mesa, fregar los platos, etc.), generamos los valores de obediencia, dominio propio, moderación, equilibrio, autocontrol, que se constituyen en auténticos amortiguadores emocionales que ayudan al niño a canalizar sus impulsos y a vivir de forma responsable y madura. La conclusión aquí es que las *reglas* generan *valores*. Sin embargo todas estas normas y reglas de vida, deben aderezarse con los premios, refuerzos e incentivos que provean el ánimo y la fuerza moral con la que asumirán en buena actitud, su educación integral. La conclusión aquí es que las *reglas* generan *valores* pero necesitan el aceite de los *incentivos*.

> Las reglas generan valores pero necesitan el aceite de los incentivos

Las recompensas materiales gustan mucho a los niños, pero solo deben usarse de forma extraordinaria pues hay acciones que el niño debe ejecutar porque es su responsabilidad y no está haciendo nada extraordinario que merezca una recompensa. Imaginemos que le decimos a nuestro hijo de 7 años que a partir de mañana comenzará a hacer la cama todos los días. Esto no quiere decir que al cumplir su obligación, nuestro hijo deba recibir todos los días una pequeña compensación, pues de otra forma estaríamos enseñando a nuestros hijos la actitud incorrecta de que solo tienen que desempeñarse bien, cuando alguien les recompensa por ello. En lo que no debemos escatimar esfuerzos es en prestarles atención y utilizar con frecuencia refuerzos verbales que vayan animando el cumplimiento de su conducta, al menos al principio y hasta que logremos conseguir que hacer la cama sea un hábito adquirido. Como alguien dijo: *La tarea del padre consiste en fijar la regla, la del hijo en quebrantarla.*

Es cierto que en el ejercicio de nuestra labor educativa, no podemos evitar premiar o castigar al ejercer disciplina, aunque debemos decir que son mucho más útiles los premios que los castigos y, por lo tanto, los padres que utilizan solo el refuerzo negativo demuestran una falta importante de recursos educativos.

¿Cuál es la diferencia entre disciplina y castigo?

La palabra disciplina como ya hemos visto viene de discípulo y conlleva siempre una connotación positiva de ayudar a crecer, mientras que el castigo no tiene en sí mismo y por sí solo, un fin restaurador, pues en principio se asocia más bien con la aplicación de una pena por haber cometido una falta. Podríamos decir que el castigo es solo una parte de la disciplina, la de cierta penitencia por el error cometido, que debe finalizar siempre con una enseñanza positiva y con la seguridad de que por encima de la falta cometida, se ama al niño de forma incondicional. Nunca debemos olvidar la regla bíblica a la hora de aplicar cualquier método disciplinario: *Con misericordia y verdad se corrige el pecado*[70], pues el fin de toda corrección es la restauración de la persona, en este caso, de los seres que más amamos, nuestros hijos.

> El fin de toda corrección es la restauración de la persona, en este caso, de los seres que más amamos, nuestros hijos

En ocasiones el castigo, si se queda solo en la aplicación de la pena, al contrario que la disciplina que pretende educar al niño, puede ser usado para satisfacer nuestra ira o enfado puntual ante una negligencia por parte de nuestros hijos. Ima-

---

[70] Prov. 16:6

ginemos que una madre advierte a su hijo que no debe jugar con la pelota en el salón, pero este desoyendo la orden de su madre, finalmente provoca que un costoso jarrón caiga al suelo haciéndose añicos. Cuando la madre lo descubre, y ante una lógica indignación por lo ocurrido, puede dejarse llevar por el impulso emocional de enfado zarandeando al niño y gritándole que está castigado. La pregunta a plantear es si finalmente la madre está aplicando una disciplina restauradora o más bien está satisfaciendo las exigencias de su propio enfado.

La disciplina debe mirar más allá del error y el propio disgusto personal, es decir, cuando le decimos a nuestro hijo que no puede jugar con la pelota en el salón y le explicamos los motivos, estamos ejerciendo disciplina en su faceta de advertencia y aprendizaje, si finalmente el niño desoyendo nuestra advertencia acaba rompiendo algún objeto, lo correcto es que superando nuestro primer impulso de indignación, lo cual a veces no es fácil, le expliquemos que se lo habíamos dicho y que ahora la consecuencia es que está castigado dos días sin jugar a la pelota.

Corrección privada y castigo proporcionado

Hay que saber elegir el momento adecuado para corregir, evitando hacerlo desde el enfado o cuando por ejemplo hay riesgo de humillación pública. Siguiendo el ejemplo ya mencionado, después que nuestro hijo finalmente llegó a romper el jarrón, los segundos que siguen al enfado que nos controla, no son los mejores para aplicar la corrección. Hay que respirar un par de veces, dejar que la razón nos asista, y aplicar la corrección con amor. Por otro lado imaginemos que nuestro hijo está jugando en el parque y después de haberle advertido que no se acerque al charco, finalmente llega completamente mojado y embarrado mientras el resto de los niños observan la escena. Igual que en el ejemplo anterior y superando nuestro

157

deseo inicial de lógico enfado, le decimos que a casa y que allí hablaremos. Luego en privado le amonestamos y aplicamos el castigo para que aprenda la lección.

Lo que queremos enfatizar es que se trata de evitar que otras personas observen una manifestación airada de nuestra reacción con posibles gritos y zarandeos, sobre todo si se trata de otros niños frente a los cuales se pueda sentir muy avergonzado. Desde luego no estamos queriendo decir que las exigencias de nuestra ira las reservemos para satisfacerlas en privado, pero sobre todo hay que evitar que se sienta humillado y abochornado frente a sus pares. La disciplina y el castigo no deben ser nunca actos de venganza sino de amor.

> La disciplina y el castigo no deben ser nunca actos de venganza sino de amor

Por otro lado ellos deben entender que no todas las normas son igual de importantes, ya que no es lo mismo hacerse pis que insultar o pegar a sus padres, cada falta debe conllevar el castigo apropiado y también proporcionado a su edad, pues a mayor edad mayor responsabilidad. De esta forma nuestros hijos irán construyendo su estructura ética, que les permitirá obtener voluntad, criterio propio, sentido de responsabilidad y en definitiva madurez de carácter. Las normas no se podrán aplicar de la misma forma en las distintas edades, por lo tanto, la disciplina evolucionará con las etapas infantiles. En los primeros años de vida, la disciplina tendrá que ver con la alternancia de dos factores: el egocentrismo del niño y la relación de autoridad con sus padres. A medida que crece y va entendiendo que quien tiene la autoridad son sus padres, logramos en ellos un nuevo escalón de madurez que permite que no se consideren el centro del universo y empiecen a ser más sociables, participativos, y por tanto con mayor capacidad para ir asumiendo nuevas habilidades y mayores responsabilidades.

Vamos a hacer un alto aquí, pues sospechamos que muchos padres que estáis en la retadora y diaria faena de educar a vuestros hijos podríais llegar a decirnos: "Bueno, esto es sobre el papel y la teoría es muy fácil, pero ponte en nuestro lugar cuando en el día a día, esos pequeños torbellinos que son nuestros hijos, nos dan decenas de motivos para poner a prueba nuestro enfado". Lo entendemos perfectamente, pero recordad que *la creencia*, para que tenga fuerza educativa, debe llevarnos siempre a *la experiencia*, y es que Dios a través de nuestros hijos ¡también nos enseña paciencia y dominio propio! De igual manera el control de nosotros mismos que se manifiesta en la calma ante la adversidad y en saber soportar niveles considerables de frustración sin perder la compostura y la buena actitud, es el mejor ejemplo que podemos ofrecer a nuestros hijos.

Pautas a evitar y principios a aplicar

En este apartado nos interesa polarizar los aspectos de lo que hay que evitar y de lo que hay que aplicar. Veamos, en primer lugar, algunas pautas erróneas a evitar cuando aplicamos la disciplina en la parte del castigo, teniendo en cuenta que la parte más coercitiva de la disciplina, en realidad, la escoge el niño cuando nos obliga a llevar a cabo el castigo:

– Nunca debe llevar al niño a sentirse inseguro o inferior.
– No debe ser usado para satisfacer nuestro enfado e indignación.
– No se debe transigir a pesar de los gritos y pataletas de nuestros hijos, si hemos dicho "no" a una cosa, hay que mantener la palabra.
– No debemos compararlos[71] con otros niños a los que pongamos como ejemplo de buena conducta, pues el mensaje implícito es que "ellos son los malos y los otros niños los buenos".

---

[71] Las comparaciones en los niños suelen ser la base de la mayoría de los sentimientos de inferioridad, hieren el amor propio y crean inseguridad.

– No debe aplicarse expresando órdenes airadas o frases desagradables y ofensivas, que vejen y humillen a nuestros hijos.

Por otro lado, veamos algunas pautas prácticas a aplicar que deben ayudarnos a mejorar el trato con nuestros hijos, y por lo tanto ser más efectivos en su proceso educativo:

– Buscar, como padres, instaurar un estilo educativo que esté más basado en los premios que en los castigos, en la alabanza que en el reproche.
– Valorar y reforzar los esfuerzos que estén haciendo vuestros hijos, por pequeños que sean y aunque su conducta no sea perfecta. Debemos asegurarle al niño que por encima de todo lo amamos.
– Ignorar las conductas inadecuadas que tratan de atraer vuestra atención. Aprender a "leer" qué necesidad hay detrás, pues el síntoma casi siempre revela carencias.
– Tener muy presente que se trata de educar no de ganar peleas. En familia no gana uno y pierde otro. O todos ganamos, o todos perdemos.
– Entre vuestros hijos y vosotros tenéis derecho a los "malos días" pero también derecho al reconocimiento, el perdón y la reconciliación. Hay que saber pedir disculpas y reconocer nuestros errores, enseñando a los hijos a hacer lo mismo.
– En discusiones con los hijos hay que marcar tiempos de reflexión. Si ellos se muestran obstinados y poco razonables, un tiempo de reflexión en su habitación puede facilitar que la situación se enfríe.
– Hay que establecer, de común acuerdo con los hijos, las reglas que eviten que una situación conflictiva se repita, siendo coherentes con esos acuerdos.

Muchos de los principios, al menos los que corresponden a pautas a evitar, están en negativo aludiendo a lo que como padres debemos procurar evitar a la hora de aplicar disciplina, pero esto es así para no perder nunca de vista que la disciplina siempre debe ser educativa. Para ello es importante el principio de corregir con amor, pues el elemento más valioso es el propio niño, no su conducta. Es por el bien de nuestros hijos que debemos corregirles, ya que el niño y su conducta son dos cosas diferentes. La alternancia entre los errores a evitar y los principios a aplicar debe

> La alternancia entre los errores a evitar y los principios a aplicar debe llevarnos a la realidad de que la disciplina debe tener siempre una finalidad educativa donde el niño aprenda y modifique su conducta, tomando responsabilidad de sus acciones

llevarnos a la realidad de que la disciplina debe tener siempre una finalidad educativa donde el niño aprenda y modifique su conducta, tomando responsabilidad de sus acciones. Al respecto David Solá afirma: *Para que unos padres tengan el derecho moral de corregir, deben ser personas capaces de reconocer lo bueno de sus hijos y decírselo. La corrección tiene que ser serena, ponderada, sin precipitaciones ni apasionamientos, cuidadosa, sin sarcasmos, ironías, con esperanza de verdadera mejoría[72].*

Déficit afectivo enseñado, patrón negativo instaurado

Nos interesa ahora recalcar esa faceta de la recompensa que tiene que ver con los refuerzos y los incentivos que todo niño necesita, la valoración y las palabras de afirmación. Si no reforzamos y alentamos la conducta de nuestros hijos, podrían

---

[72] Solá, David, Op. Cit., p.114

crecer con déficit afectivo y los siguientes patrones de pensamiento negativo:

- Pensarán que no se les quiere ni se les valora.
- Perderán la ilusión y el entusiasmo al no tener refuerzos positivos.
- Desarrollarán desánimo, inseguridad y sentimientos de incompetencia.
- Aprenderán a ser negativos con los demás y con el mundo que les rodea.
- Intentarán buscar el aprecio y la atención de manera compulsiva y manipuladora.

Estos patrones de pensamiento negativo pueden llevar a nuestros hijos a pensar que las dificultades y frustraciones de la vida son consecuencia de su incompetencia y de esta forma no asimilan que el fracaso y el dolor forman parte de la vida. De nada servirá que los padres pretendamos evitar a nuestros hijos todas las complicaciones, pues la vida está llena de dificultades, y si no entrenamos a nuestros hijos para que desde la más tierna infancia aprendan a no desanimarse ni desfallecer ante los problemas de la vida, no tardarán en considerarse incapaces y dejarse invadir por el desaliento, generando así voluntades débiles y derrotistas.

> La esencia del aprendizaje consiste en que nuestros hijos se den cuenta de que nada es fácil, de que la vida consiste, no en evitar el sufrimiento, sino afrontarlo y convertirlo en un aliado

La esencia del aprendizaje consiste en que nuestros hijos se den cuenta de que nada es fácil, de que la vida consiste, no en evitar el sufrimiento, sino afrontarlo y convertirlo en un aliado, pues el grado de madurez mental que vayan adquiriendo se mide por su capacidad de soportar frustraciones. El libro de Romanos

nos provee una máxima fundamental que nos ayudará a entender estos conceptos: *Y sabemos que a los que aman a Dios, todas las cosas les ayudan a bien*[73]. De forma que enseñemos a nuestros hijos que el dolor puede ser positivo y seamos un ejemplo para ellos con la forma de enfrentar nuestros propios problemas.

Concluimos este apartado afirmando que nuestros hijos van aprendiendo a comportarse con respeto y educación cuando aplicamos las normas, los castigos y las recompensas, todas ellas ingredientes necesarios de una disciplina amante que va perfilando en nuestros hijos ese carácter moldeable y enseñable, así como una personalidad madura y estable. Debemos asimilar que la educación es un proceso que dura toda la vida y necesita que el esfuerzo educativo se produzca con continuidad.

---

[73] Ro.8:28

Preguntas para la reflexión

¿Quién manda en casa? ¡La autoridad no está de moda!

1. La autoridad no está de moda. Reflexionad sobre las causas por las que hoy es difícil que los padres ejerzan su autoridad. ¿Contra qué luchan los padres?

2. Ventajas e inconvenientes de tener estructuras de autoridad.

3. Autoridad y autoritarismo, ¿qué tiene más fuerza y por qué?

4. Aunque se han mencionado algunas, valorad juntos y tal vez añadir algunas más de las consecuencias de la pérdida de autoridad, tanto en los padres como en los hijos.

5. Desde vuestro punto de vista qué valor tiene en la labor educativa de padres cada una de las siguientes palabras: premios, castigos, normas y recompensas.

6. Valorad las causas por las que hoy muchos padres "tiran la toalla" antes de tiempo a la hora de ejercer su autoridad.

7. Mirad en pareja si estáis de acuerdo ambos con las afirmaciones mencionadas. Pros y contras de las mismas:

   a. Nunca debe llevar al niño a sentirse inseguro o inferior.

b. No debe ser usado para satisfacer nuestro enfado e indignación.

c. No se debe transigir a pesar de los gritos y pataletas de nuestros hijos, si hemos dicho no a una cosa, hay que mantener la palabra.

d. No debemos compararlos con otros niños a los que pongamos como ejemplo de buena conducta, pues el mensaje implícito es que "ellos son los malos y los otros niños los buenos".

e. No debe aplicarse expresando órdenes airadas o frases desagradables y ofensivas, que vejen y humillen a nuestros hijos.

8. Conociéndonos...

a. ¿Cómo nos compenetramos en la crianza de nuestros hijos?

b. ¿En qué áreas nos es más fácil trabajar como equipo y en cuales tenemos dificultades?

c. ¿Cómo nuestros hijos afectan nuestra relación matrimonial?

d. Identifica qué estilo de padre-madre ejercieron tus padres contigo.

e. ¿Qué tipo de padre-madre eres tú? ¿Y tú cónyuge?

f. ¿Cómo afecta esto a tus hijos?

g. ¿Qué aspectos y actitudes deberías cambiar-mejorar?

CAPÍTULO 7

Hacia una parentalidad positiva: afirmando autoestima

Edificando identidad y autoestima

Comenzamos este apartado explicando los factores que van conformando lo que llegará a ser la futura personalidad de nuestros hijos. Aspectos biológicos y culturales junto con las experiencias que vamos acumulando, perfilan patrones de pensamiento que llegarán a modelar nuestra conducta y nuestras reacciones ante la vida. La sana o nula autoestima que reciben nuestros hijos desde la cuna hasta la adolescencia, los años más impresionables de la vida, son en gran medida los causantes de su

> La sana o nula autoestima que reciben nuestros hijos desde la cuna hasta la adolescencia, los años más impresionables de la vida, son en gran medida los causantes de su futura personalidad

futura personalidad. Y es que el aceptarse a uno mismo lleva aparejado la superación de los conceptos de valía o desaprobación de los demás. Es nuestro pensamiento y nuestra habilidad para pensar en forma positiva, lo que activa los mecanismos de la aceptación y autoestima. Todo lo que hemos vivido en los primeros años de nuestra vida va constituyendo nuestro temperamento, carácter y personalidad particular. Pasemos a explicar cada uno de estos términos:

Temperamento, carácter y personalidad

El temperamento[74]. Se corresponde con el conjunto de componentes emocionales y la forma en cómo estos se expresan, estando directamente relacionados con factores biológicos y hereditarios. Nuestros hijos nacen con un temperamento heredado, por tanto es algo innato, nacemos con él en base a la combinación de genes y cromosomas y así vamos conformando la particular visión que se va teniendo sobre las cosas, las reacciones, impresiones, etc.

El carácter: es el conjunto de capacidades, valores, actitudes y factores de control del temperamento que se derivan del aprendizaje y de la maduración social, cognitiva y emocional de nuestros hijos. Son los hábitos y normas adquiridas en sus primeros entornos relacionales y que irán influyendo en su futura forma de hacer y pensar, pudiendo ser positivos o negativos. El carácter se puede ir desarrollando.

La personalidad: Se forma gracias a la influencia de tres factores principales: la herencia, el ambiente y lo que algunos llaman "factor terreno" de cada persona (la forma particular de ser, sus propias elecciones y rechazos, etc.) En suma la personalidad

---

[74] El filósofo Hipócrates hizo una clasificación de los distintos temperamentos, fijándolos en 4 básicos: sanguíneo, flemático, melancólico, colérico. En nuestro libro *Pastoral de la Atracción al Mismo Sexo*, se amplía información.

es la expresión externa de nosotros mismos, la cara pública que mostramos hacia los demás. Se va modelando a lo largo de toda la vida, por ello debemos tener en cuenta que los años impresionables de la infancia serán los más importantes en su formación.

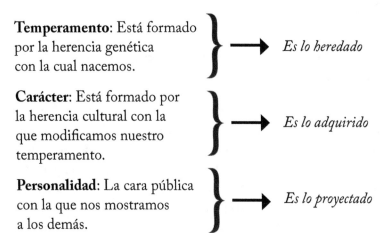

Temperamento: Está formado por la herencia genética con la cual nacemos. → *Es lo heredado*

Carácter: Está formado por la herencia cultural con la que modificamos nuestro temperamento. → *Es lo adquirido*

Personalidad: La cara pública con la que nos mostramos a los demás. → *Es lo proyectado*

Si la identidad es la conciencia personal que se tiene sobre lo que *se es*, queda claro que esta se construye sobre lo que *se vive*. Es decir, sobre la percepción que el niño va teniendo de su propia valía, que se irá construyendo con los ingredientes que estén a su alcance: las palabras, el trato recibido, el ambiente familiar, las relaciones con los demás, etc., todo esto va definiendo su autoestima. Ante la pregunta ¿quién soy?, el niño responderá con la imagen que los demás le han reflejado y se verá de acuerdo a ella. De tal manera que podemos tener un niño inteligente y capaz, pero que aprenda a verse como torpe, por la influencia negativa y restrictiva del medio familiar. Si los mensajes y las impresiones que recibe son negativos, su autoestima será negativa,

> Los niños no nacen con elevada o baja autoestima, sino que la van construyendo, en primer lugar, en base al ambiente y entorno familiar

pues de hecho nadie puede imprimir en un niño la autoestima, como solo lo pueden hacer los padres. De esto se deriva el importante mensaje de que los niños no nacen con elevada o baja autoestima, sino que la van construyendo, en primer lugar, en base al ambiente y entorno familiar.

Consejos para reforzar la autoestima de nuestros hijos

Para que en nuestros hijos se vaya cimentando una sana autoestima tiene que haber una buena aceptación. Nuestros hijos se tienen que sentir aceptados y valorados en todo momento, pues todos sin excepción tenemos necesidad de ser aceptados por quienes somos, independientemente de nuestra conducta. Una buena aceptación es la base sólida para una autoestima adecuada. Aceptar a nuestros hijos es amarlos tal cual son, sin comparaciones con otros para que puedan sentirse únicos y especiales, ayudándoles a desarrollar todo su potencial al sacar lo mejor de ellos. Podemos afirmar sin ninguna duda que la personalidad y la autoimagen que un niño tenga de sí mismo viene edificada, en primer lugar, sobre la voz de sus padres, sus mensajes y actitudes. Veamos ahora algunas pautas que los padres deben tener en cuenta:

> Podemos afirmar sin ninguna duda que la personalidad y la autoimagen que un niño tenga de sí mismo viene edificada, en primer lugar, sobre la voz de sus padres, sus mensajes y actitudes

— *Los padres deben orar con sus hijos:* La imagen y la percepción que los niños tendrán de Dios y de la eternidad, se forma en el hogar cuando sus padres les hablan y oran con ellos, esto genera sentido de intimidad espiritual y favorece y prepara el terreno para que asuman su identidad como hijos de Dios. La autoestima tiene que ver con su propia percepción sobre sí mismos, pero la Teoestima[75] es la percepción por parte de Dios, sobre cada uno de ellos como seres únicos y especiales.

– *Los padres deben valorar la opinión de sus hijos:* cuando un padre pregunta la opinión de su hijo en algún tema, por muy pequeño que sea y lo disparatada de su respuesta, se le debe hacer consciente de que su contestación será tenida en cuenta. Nunca hay que burlarse de sus ideas, ni mucho menos ridiculizar su falta de lógica. Un niño con una buena autoestima es aquel que puede mirarse al espejo y decir: Mis padres valoran lo que digo y me tienen en consideración. El mensaje recibido es: yo valgo.

– *Los padres deben pasar tiempo lúdico con sus hijos:* Esto es muy importante, pues muchos padres solo desarrollan con sus hijos la parte correctiva, y aunque puedan tener con ellos cumplida la parte afectiva, es importante que "bajen al terreno" de sus hijos para revolcarse, jugar, y en definitiva formar parte y sentirse cómplices de su ingenioso mundo infantil.

– *Los padres deben hablar con sus hijos acerca del sexo:* La identidad de un niño está directamente ligada a su comprensión de una equilibrada educación sexual, y dado que esta sociedad pervierte y degrada la sexualidad, los padres deben ser los primeros en despejar dudas, romper mitos, generar una base de confianza y preparar a sus hijos frente a todos los cambios que experimentarán durante el desarrollo de su pubertad y adolescencia.

– *Los padres deben enviar mensajes de valoración a sus hijos:* El amor es el pilar fundamental sobre el cual se edifica la autoestima. Las palabras de afirmación, como veremos más adelante, son poderosos incentivos que alientan a

---

[75] Del griego *Theos,* haciendo énfasis que lo realmente importante es lo que piensa Dios de nosotros, su propia estima y amor hacia cada uno.

nuestros hijos. Mensajes tipo: eres especial, te amamos por encima de todas las cosas, siempre estaremos a tu lado, etc., constituyen sólidos refuerzos para su autoestima y valoración personal.

Raíces para afirmarse

Hodding Carter, periodista y escritor estadounidense, nos da la medida exacta de lo que queremos desarrollar en este apartado:

Hay solamente dos legados perdurables que podemos dar a nuestros hijos. Uno son las raíces, el otro las alas. Un hijo que sabe que es amado incondicionalmente es un hijo con raíces, sobrevivirá a las tormentas de la vida. Por otro lado dale aceptación, autoestima y enséñale a soñar, y le estarás dando alas. Si le das a tu hijo la voluntad de volar, ya está en la mitad del camino, pero si le dejas que se críe sin esa voluntad, está en la mitad del camino al fracaso[76].

¿Qué podemos dar a nuestros hijos? Ante la gran responsabilidad y privilegio de ser padres continuamente nos hacemos esta pregunta: Como padres, ¿qué es lo mejor que podemos dar a nuestros hijos? ¿Qué es aquello que necesitan de nosotros y nadie más les podrá otorgar? Sin duda es mucho lo que podríamos hablar sobre esto, pero nos vamos a centrar en dos palabras que para nosotros resumen las necesidades básicas de nuestros hijos: *raíces y alas.* Este es el mejor legado que podemos dejarles, que ellos lleguen a tener principios y valores para desarrollarse como personas maduras y responsables. Pues la familia y el hogar, como ya venimos insistiendo, son los espacios donde se genera la auténtica transmisión de valores. Raíces para afirmarse

---

[76] Libro sin localizar. Fuente: internet

y alas para desarrollarse. Explicamos ahora cada uno de estos aspectos.

Las raíces se constituyen en el auténtico arraigo y sentido de pertenencia que ponemos como principal fundamento sobre el que nuestros hijos van a edificar y construir sus vidas. Tiene mucho que ver con "el ancla" que les fija y mantiene en su sentido de identidad personal y familiar. Las raíces se forman con todo lo dicho en el punto de identidad y autoestima y mediante las famosas tres "as", afecto, afirmación, atención, que no son sino ingredientes del increíble concepto del amor en sus facetas de amor incondicional y amor demostrado.

> Las raíces se constituyen en el auténtico arraigo y sentido de pertenencia que ponemos como principal fundamento sobre el que nuestros hijos van a edificar y construir sus vidas

Amor incondicional: *amar sin límites*

Esta es la mayor herencia que podemos dar a nuestros hijos, amarlos de una forma sana, incondicional y equilibrada. Los niños vienen al mundo con la necesidad imperiosa de ser amados. Algo que pareciera tan evidente, en muchos casos no es tan fácil porque una cosa es que como padres digamos que amamos a nuestros hijos y otra que los hijos se sientan amados por los padres. Es decir que hay muchos padres que aman a sus hijos sin embargo estos no se sienten amados por sus padres. Esto ocurre porque muchos padres no les verbalizan ni demuestran de forma práctica que les quieren, y como dice el refrán: "Obras son amores y no buenas razones", o mucho mejor, como dice la Palabra: *Hijitos míos, no amemos de palabra ni de lengua, sino de hecho y en verdad*[77].

---

[77] IJn.3:18

Que todos los padres aman a sus hijos es algo evidente, es cierto que se dan algunas excepciones de padres que maltratan a sus hijos o simplemente no los quieren, pero esto es la excepción y no la norma y normalmente responde a algún tipo de patología. La gran mayoría de padres aman a sus hijos y les demuestran su amor en la forma que mejor saben, como ellos mismos lo han vivido, como les han enseñado, pero, hay que decir que no siempre los aman de la mejor forma.

Hace no mucho tiempo hablábamos con unos padres que lo estaban pasando mal con su hijo adolescente, este estaba probándolos continuamente y bastaba que los padres dijesen algo para reaccionar y hacer lo contrario. Los padres estaban mal, confusos, no entendían qué estaba pasando, su hijo había sido el chico "modelo" en el sentido de respetar y asumir las normas de sus padres, pero llegó un momento, casi de un día para otro, donde todo se rompió. Ya no existía más ese hijo "modelo", los padres estaban sin saber qué hacer, lo que antes les funcionaba, parecía que ahora no. Cuando empezamos a trabajar con ellos, nos dimos cuenta que realmente era cierto, eran padres comprometidos con su hijo y que le habían dado siempre todo lo que podían, pero el problema llegó cuando hablamos con el joven adolescente. Era un chico educado, correcto, pero en el fondo estaba triste, cuando le preguntamos si él se sentía amado por sus padres, la respuesta no tardó en llegar, en un principio se sorprendió pero inmediatamente respondió con un "no" rotundo.

Tras varias sesiones con los padres del chico y con el chico, la situación en este caso fue relativamente fácil de arreglar. Los padres asumieron que sí que lo amaban mucho, pero que debido a sus responsabilidades laborales no habían tenido tiempo para demostrárselo de forma efectiva, tan solo le compraban lo que necesitaba, le daban el dinero para salir, etc., pero nunca estaban presentes cuando él necesitaba el aliento y el calor emocional de sus padres.

Ya hemos mencionado que nuestros hijos necesitan sentirse amados por encima de cualquier cosa, amados por ser quienes son, tal y como son, sin condiciones, es decir a pesar de sus puntos débiles, impedimentos o actuaciones negativas. Si los amo solo cuando satisfacen mis requisitos o expectativas, se sentirán incompetentes y creerán que es inútil hacer lo mejor que puedan, puesto que nunca será suficiente. Esto provocará inseguridad, ansiedad, baja autoestima y perfeccionismo. El amor de los padres está por encima y es independiente de la conducta de sus hijos, si bien amarlos incondicionalmente no implica ser indulgentes y consentirles todo, pues el amor incluye la disciplina y la corrección.

> Nuestros hijos necesitan sentirse amados por encima de cualquier cosa, amados por ser quienes son, tal y como son, sin condiciones, es decir a pesar de sus puntos débiles, impedimentos o actuaciones negativas

En síntesis, amor incondicional significa que amamos a nuestros hijos aunque a veces rechacemos su manera de comportarse. De forma que es un amor pleno que acepta y afianza a un hijo por ser quien es, no por lo que hace. Si los amo incondicionalmente se sentirán cómodos consigo mismos y serán capaces de controlar su ansiedad y su conducta en tanto que crecen hasta la edad adulta.

Amor demostrado: *expresando nuestro amor*

Como padres tenemos la responsabilidad y la tarea, no solo de decir que los amamos, sino de hacerlo entendible, que nuestros hijos vean que los amamos en un lenguaje que ellos entienden y acepten[78]. Pero tan importante como esto, es la

---

[78] Para ampliar información leer *Los 5 lenguajes de amor de los niños* de Gary Chapman.

175

> Como padres tenemos la responsabilidad y la tarea, no solo de decir que los amamos, sino de hacerlo entendible, que nuestros hijos vean que los amamos en un lenguaje que ellos entienden y acepten

coherencia con la forma en que son tratados. Los niños deben interiorizar que sus padres se sienten afortunados y orgullosos por tenerlos, por compartir sus vidas con ellos: *Te amo porque eres mi hijo, por lo que significas para mí*, "aunque a veces no te portes bien, eso no varía mi amor por ti". Desgraciadamente una de las frases que muchos padres usan para manipular a sus hijos es la siguiente: *Si no haces lo que mamá dice, mamá no te querrá*. Esto en realidad es un chantaje emocional con el que no podemos jugar.

En la primera infancia debemos atender cada una de sus necesidades diarias: acudir a consolarle siempre que llore, preocuparse por su sueño, por su alimentación, etc., al mismo tiempo que les verbalizamos nuestro cariño con mimos y palabras de afecto. Estos aspectos son poderosos comunicadores del amor que les profesamos. Los padres que no escatiman besos, caricias y refuerzos verbales, tienen hijos más felices que se muestran cariñosos con los demás y son más pacientes con sus compañeros de juegos. Ellos necesitan ver en la mirada de sus padres, en sus abrazos, besos y caricias, la expresión demostrada de un amor sincero e incondicional. Decirles y repetirles: *Hijo, te amamos.*

Otro aspecto importante es el amor indirecto que nuestros hijos necesitan ver, pues ya hemos aprendido que la mejor manera de amar a tu hijo, es amar a su padre o a su madre, y que la calidad de tu matrimonio afecta en grado sumo a la forma en que te relacionas con tus hijos y en la que ellos reciben tu amor. También hemos aprendido que nuestros hijos interiorizan e integran en sus vidas el molde educativo recibido, teniendo muchas posibilidades de repetirlo con sus futuras parejas. Esto, que a veces lo aplicamos en negativo cuando reconocemos reacciones en nosotros mismos que han sido modeladas por nuestros padres y su ejemplo, y que siempre, *conscientemente*, nos habíamos prometido no reproducir, pero que *inconscientemente* reproducimos, nos da una idea de la tremenda fuerza educativa del ejemplo.

Si tu matrimonio es saludable, tú y tu pareja os sentiréis cómodos en la paternidad, y esa unidad y complicidad se transmite de forma poderosa a tus hijos, pues necesitan ver que nos amamos y nos hacemos demostraciones de afecto ya que cuando un padre besa a su madre, o la abraza, o le dice algo tierno en presencia de sus hijos, se genera un vínculo y una complicidad, de la que ellos también quieren formar parte.

Alas para proyectarse

Las águilas nos muestran un hermoso ejemplo, pues para enseñar a volar a sus polluelos, les revelan lo que ellas hacen extendiendo sus alas y dando pequeños vuelos alrededor del nido. Cuando llega el momento oportuno la mamá águila no dudará en empujar a sus hijos fuera del nido para que comiencen a volar por sí mismos. Este ejemplo ilustra la realidad de que nuestros hijos un día saldrán del hogar y deben de estar preparados para volar. Sin embargo para que los hijos salgan del nido, lo cual se produce en un desarrollo paulatino en el tiempo, es el padre en muchas ocasiones el que se constituye (o al menos debiera constituirse) en el puente para que abandonen el hogar y entren en contacto con el reto del mundo exterior[79]. Recordemos lo que ocurre normalmente: "La madre retiene y el padre envía".

---

[79] En el apartado del poder del padre en los hijos, ampliamos información sobre esto.

Cuando utilizamos el ejemplo de las águilas o la metáfora de las alas, lo hacemos para ilustrar la realidad de que un día nuestros hijos volarán fuera del hogar. El cantautor español José Luis Perales, tiene una canción dedicada a los niños donde narra cómo se van haciendo mayores, hasta que un día abandonan el nido para construir su propia historia. El estribillo es muy pertinente en lo que estamos hablando: *Un día como alegres golondrinas se irán volando por cualquier ventana, a conocer del río la otra orilla, a descubrir del mundo la otra cara.* De esto trata este punto, cómo ayudar y aun empujar a nuestros hijos para que aprendan a volar por sí solos y llegar al máximo de sus posibilidades. Como dijo James Dobson: *Al niño que más le cuesta levantar el vuelo, es aquel que puede llegar a volar más alto.*

Hay que educarles para la libertad y la independencia, pues recordemos que los hijos son de Dios, y nos los presta por un corto espacio de tiempo, para que los eduquemos y los soltemos. Por ello debemos tener mucho cuidado en no sobreproteger a nuestros hijos y no transmitirles miedo o excesiva prudencia por cualquier cosa. Ellos necesitan creer que pueden superar los fracasos, alcanzar metas positivas y desenvolverse con facilidad en situaciones diversas. Los hijos deberán "volar", vivir sus vidas con la suficiente fuerza para que puedan hacer frente a los desafíos del mundo, y solo con la dosis de temor necesaria para poder protegerse.

Los niños a los que se les concede la libertad para ser "políticamente incorrectos", es decir libertad para andar, explorar, libertad aun para ensuciarse, trepar a los árboles, o ser capaces de pintar, cantar, o jugar con sus amigos correteando hasta terminar rendidos, tendrán magulladuras, pero también serán los más capaces a la hora de echar a volar su espíritu e imaginación. Un niño con alas de libertad es el que cree que puede conquistar algo nuevo aun antes de intentarlo, aun cuando inicialmente fracase.

De forma que un hijo consciente de que, por encima de todo y pese a todo, es amado incondicionalmente, es un hijo con raíces, es una persona que podrá mantenerse con firmeza ante los posibles reveses y tormentas que la vida le pueda traer. Por otro lado, un hijo que es aceptado, al que se le va dando un margen de libertad e independencia, que se le reconoce y se le valora por quien es, pero también por lo que hace, es un hijo con alas capacitado para volar y formar su propio nido.

> Un niño con alas de libertad es el que cree que puede conquistar algo nuevo aun antes de intentarlo, aun cuando inicialmente fracase

Preguntas para la reflexión

Hacia una parentalidad positiva: afirmando autoestima

1. Expresad cada uno en vuestras propias palabras lo que entendéis de los siguientes conceptos:

   a. Identidad
   b. Autoestima
   c. Temperamento
   d. Carácter
   e. Personalidad

2. Compartid el uno con el otro qué valoración hacéis de vuestra propia autoestima. ¿De dónde y cómo habéis construido vuestra autoestima?

3. Daos el uno al otro una valoración de la percepción que recibís de la autoestima del cónyuge.

4. Como padres, ¿en qué forma estáis trabajando de forma intencional la formación de una sana y correcta autoestima en vuestros hijos?

5. Comentad e intentad definir cómo es el temperamento, carácter y personalidad de cada uno de vuestros hijos.

6. Amor incondicional a los hijos, ¿todo beneficios?

7. ¿En qué formas la calidad de nuestro matrimonio y relación de pareja afecta a la estabilidad de nuestros hijos?

8. Hemos hablado de raíces y alas en el desarrollo de la autoestima de nuestros hijos. Valorad cada uno cuáles han sido vuestras propias "raíces y alas" e igualmente valorad en qué formas estáis arraigando a vuestros hijos y dándoles libertad.

CAPÍTULO 8

La educación sexual de nuestros hijos y las redes sociales

La educación sexual desde la infancia

La sexualidad es un aspecto inherente al ser humano que empapa todo nuestro ser, no solamente nuestros órganos genitales sino nuestra personalidad en su conjunto, siendo especialmente una forma de comunicación íntima y exclusiva, pues *hacemos educación sexual continuamente, aunque no seamos conscientes de ello. Educamos a nuestros hijos a través de nuestros pudores,*

> La sexualidad es un aspecto inherente al ser humano que empapa todo nuestro ser, no solamente nuestros órganos genitales sino nuestra personalidad en su conjunto, siendo especialmente una forma de comunicación íntima y exclusiva

nuestras caricias, nuestros silencios y opiniones[80]. La biología nos aporta mucha información en cuanto a nuestra conducta sexual pero lo que más nos interesa como padres es la ética de la sexualidad, sus límites y los valores bíblicos que la dignifican. Lamentablemente vivimos en una sociedad que magnifica lo biológico, instintivo y genital, con relaciones sin freno de "hoy contigo y mañana con quien toque". La verdadera educación sexual consiste en enseñar a nuestros hijos desde su más tierna infancia, a que se quieran, valoren y respeten, al punto de ser capaces en su juventud de decir "no", hasta que haya llegado el tiempo para poder mantener relaciones sexuales con sus futuros esposos, con responsabilidad, fidelidad e integridad[81]. Se trata de ir contracorriente, enseñando a nuestros hijos los valores del sacrificio, la responsabilidad y el compromiso, frente a los intereses egoístas del libertinaje y el placer instintivo. Se les debe enseñar a que puedan tener control de sus cuerpos y de sus acciones, en una sociedad en la que no está de moda ni la espera ni el control.

Hace tiempo en una escuela de padres nos preguntaron cuándo debía comenzar la educación sexual de nuestros hijos, es decir qué edad es la más apropiada. Nuestra respuesta fue muy clara: "Desde el momento en que nacen". Evidentemente a un bebé no le podemos explicar ni razonar las cosas, pero se trata de mentalizar a los padres para que se den cuenta de que la sexualidad es algo que debe ir normalizándose en la vida de un niño desde su más tierna infancia. La curiosidad de un niño sobre la sexualidad irá al mismo ritmo que su desarrollo psico-afectivo y muchas veces no están preparados para comprender

---

[80]   Fuente: https://www.spapex.es/psi/educacion_sexual.pdf

[81]   Esto genera en ellos un sentido de pudor y recato, funcionando como un amortiguador emocional que evita que nuestros hijos se desinhiban al considerar la sexualidad en el ámbito privado e íntimo, lo cual también evita que en la adolescencia esos filtros o amortiguadores emocionales funcionen generando sanas barreras y límites.

más información de la que puntualmente soliciten. Esto quiere decir que a nuestros hijos y en la medida de su comprensión hay que ir hablándoles de la vida sexual, de las diferencias genitales, explicarles que los niños vienen cuando los padres hacen el amor, etc., y debemos ir ampliándoles datos e información a medida que crecen en comprensión y capacidad asimilativa.

De este modo crecerán asumiendo como algo absolutamente normal el hablar de sexualidad no otorgándole una consideración diferente a cualquier otro elemento educativo de la vida. Esta es la clave para que lo vayan normalizando sin ningún tipo de sospecha y así facilitar el que nuestros hijos, al haberse establecido en el ambiente familiar el tema de la sexualidad sin ningún tipo de tabú o secreto, tengan la base de confianza necesaria para preguntarnos sobre sus dudas o para decirnos otras opiniones que sus profesores o compañeros les digan en clase. De esta forma podremos aclarar sus dudas o rebatir otros argumentos dañinos que puedan influenciarle, máxime cuando en las escuelas ya se normalizan los programas de sexualidad inclusiva que tanta confusión pueden generar en nuestros hijos.

La afectividad sexual: *un valor a potenciar*

En realidad la sexualidad está presente en los niños desde que nacen, pues ya sobre los 3 años al niño se le despierta la curiosidad por el sexo cuando explora sus propios genitales y mediante el tacto va reconociendo su propio cuerpo, aparte de comenzar a notar la diferencia con el género

Por ello si empezamos a educarles pronto en el tema, esto facilitará el que cuando sean adultos, puedan disfrutar de una vida sexual sana, plena y equilibrada opuesto, aspectos que se irán manifestando en su pleno potencial hacia la pubertad y la adolescencia. Por ello si empezamos a educarles pronto en el tema, esto facilitará el que cuando sean adultos, puedan disfrutar de una vida sexual sana, plena y equilibrada. Así en los primeros años de vida se va construyendo la identidad sexual que estará formada por dos vértices importantes: *la sexualidad biológica*, que no es otra cosa que las características y los atributos físicos con los que nacemos como varón o hembra, junto con las diferencias de género y las características naturales de cada uno de ellos. Y por otro lado *la sexualidad emocional*, que consiste en la parte de afectividad y ternura, donde la pareja se expresa el cariño y el amor, en el aspecto más noble y profundo de la intimidad. De esta forma, la suma de todo ello constituirá en el niño su propia percepción psicológica sobre la sexualidad.

Aparte de lo que puedan ser explicaciones o conversaciones, el niño sobre todo va a aprender sexualidad, al menos en su parte emocional y afectiva, del modelo recibido de sus padres, pues acabamos de ver como la sexualidad en su conjunto es tanto genital como emocional, siendo esta última parte la más sutil pero importante: que los padres evidencien en familia gestos, besos, abrazos, caricias, es decir intimidad. Así lo que queda más fijado en la mente y el corazón de un niño se produce por el modelaje recibido de los padres, es decir por lo que va a ir viendo en su propia casa, en su entorno, a lo largo de su infancia y adolescencia. El niño percibe y siente la clase de vínculo afectivo que hay entre sus padres, y esto constituye la parte emocional de la sexualidad, que ya puede ir entendiendo e integrando. Sus demostraciones de afecto y cariño o la ausencia de ellas, modelarán su personalidad y en base a todo ello se formará una idea de las relaciones de amor entre los adultos y aun de la forma en la que él aprenderá a tratar a su propia pareja en el futuro.

Una pregunta que nos hacen con frecuencia y debemos tener muy clara su respuesta, es si los hijos pueden ver la desnudez de sus padres[82]. Es normal y sano que los niños en su tierna infancia puedan bañarse o ducharse con sus padres, esto genera intimidad y calor emocional, pero al mismo tiempo si nos pasamos de la edad límite que ahora vamos a indicar, puede ser perjudicial para el desarrollo de su sana identidad sexual. Entre 3 y 5 años, nuestros hijos solo deberían estar expuestos a la desnudez del progenitor de su mismo sexo, lo cual no quiere decir que un padre deba desnudarse a la ligera frente a sus hijos varones, sino que en contextos de deportes, duchas de campamento o situaciones donde padre e hijo están solos, el padre[83] debe normalizar en su hijo la realidad de que comparten los mismos atributos sexuales, no avergonzándose si su hijo le ve desnudo (probablemente el avergonzado será el hijo).

De esta forma los niños crecen asumiendo que son hombres como papá o mujeres como mamá. Los niños a partir de esa franja de edad mencionada (3 y 5), deben comenzar a tener un sentido de cierto misterio o desconocimiento de la desnudez contraria, eso genera un sano sentido de distinción y diferencia, a la par que una cierta intriga y curiosidad, respecto a lo que él no tiene. Esa intriga se canalizará hacia el deseo por el sexo opuesto, cuando en la pubertad la corriente hormonal le atraiga hacia aquello de lo que él carece, pero que le es atractivamente misterioso, es decir el sexo opuesto, pues se desea lo que no se tiene.

---

[82] En cuanto a la norma bíblica establecida en el AT sobre que los hijos no deben ver la desnudez de sus padres, en textos como Lev.18:7 y Gn.9:18-27, es más bien debido a un sentido de honra, pudor y respeto, agravado en el caso de Noé donde los hijos no quisieron ver la desnudez y la ebriedad de su padre, pues se daba en un contexto vergonzoso y humillante.

[83] Lo mismo para las madres frente a sus hijas.

La información sin formación: *riesgo asegurado*

Pensar que nuestros hijos no necesitan información sobre educación sexual es un grave error pues hoy día los jóvenes saben mucho, el problema es que reciben mucha información, pero sin una formación que la contenga y dignifique

Pensar que nuestros hijos no necesitan información sobre educación sexual es un grave error pues hoy día los jóvenes saben mucho, el problema es que reciben mucha información, pero sin una formación que la contenga y dignifique. Hace poco un padre le dijo a su hijo de 12 años: *Javier hoy vamos a hablar de sexualidad*, a lo que su hijo respondió: *Ok, papi, ¿qué quieres saber?* Sirva la anécdota para ilustrar el hecho de que los padres nunca deben delegar el privilegio y la responsabilidad de ser los primeros educadores en este tema, los primeros instructores de vuelo. Si se ha venido haciendo una labor de educación afectivo sexual a lo largo de la infancia, de auténtica pedagogía sobre la sexualidad, no será tan difícil abordar el tema al llegar a la adolescencia. Aparte, de que cuando los padres normalizan las conversaciones sobre el tema general de la sexualidad, estarán generando una base de confianza para que sus hijos se sientan cómodos a la hora de plantear sus dudas o aun opiniones contrarias que les hayan venido desde fuera.

Aparte del hogar y la responsabilidad de los padres en temas de sexualidad, la iglesia debería cumplir una tarea de refuerzo tanto para los padres como para los hijos. Es decir, si la ideología de géncro pretende una colonización ideológica de nuestros hijos en la escuela, con mayor motivo desde la iglesia se debería contrarrestar con una auténtica "colonización teológica", proveyendo escuelas de padres, charlas para jóvenes sobre sexualidad, foros y conferencias, donde tanto los padres como los hijos despejen dudas, reciban una sana teología de la sexualidad y en definitiva desmitifiquen todas las mentiras y errores de la sociedad, normalizando así el buen uso de una cultura de la sexualidad con bases bíblicas.

Las redes sociales y las nuevas tecnologías de la información

Las raíces de la educación, al igual que las raíces de la fe, se adquieren en el hogar. Y cómo no, en la sociedad que nos movemos y vivimos, nuestros hijos no solo son educados por la familia y los colegios, sino que tienen una influencia muy fuerte del ambiente externo, es decir los valores de la propia sociedad. Se viven tiempos de crisis y también hay crisis en la educación, en la transmisión de valores. Hoy se vive mucha confusión generalizada y esto afecta directamente a las conciencias de nuestros hijos. Son muchas las fuentes de influencia en ellos: amistades peligrosas, la televisión, el móvil, las nuevas tecnologías, las redes sociales, grupos musicales, juegos de rol, ídolos del deporte o la música, publicidad subliminal, etc., y los padres debemos de ser muy conscientes de ello.

Las nuevas tecnologías de la información y de la comunicación son una extraordinaria herramienta, con tal arraigo en el mundo globalizado, que ha revolucionado las relaciones sociales y la forma en cómo los jóvenes, sobre todo, entienden e interpretan la realidad que les toca vivir. No negamos que se trata de

> No negamos que se trata de un avance con inmensas ventajas para el usuario, pero que dependiendo de su uso, puede convertirse en una herramienta valiosísima o en un arma de destrucción

un avance con inmensas ventajas para el usuario, pero que dependiendo de su uso, puede convertirse en una herramienta valiosísima o en un arma de destrucción. Dado que lo que nos interesa es advertir y proveer de claves a los padres en la prevención de su uso incorrecto, nos centraremos en los aspectos peligrosos y nocivos de las mismas. La realidad es que nuestros hijos están en riesgo de ser seducidos por la fascinación de las redes sociales que les imponen unas nuevas reglas de juego con patrones de conducta egoístas y con un lenguaje e instrumentos propios. Viven inmersos en la generación del "chip", no concibiendo la vida sin la presencia cotidiana de todo tipo de elementos electrónicos de última generación. Esta realidad unida al hecho cada vez más creciente del nulo protagonismo que los padres tienen en la educación de sus hijos, está provocando generaciones de niños violentos, inadaptados, poco perseverantes y pasivos.

Los niños que pasan horas enganchados a los juegos electrónicos y a las redes sociales en general, tienden a creer que lo que la pantalla les presenta es un reflejo de cómo se comportan los adultos en la vida real, y dado que su cerebro está en proceso de formación, no están en capacidad de discernir la realidad virtual, de la realidad cotidiana del día a día. La fascinación por la tecnología y la cultura del consumismo, está llevando a muchas familias a verse inmersas en una rueda donde prima la emoción por lo novedoso, la "aceleración de vértigo" en la aparición de nuevas tecnologías y la pasión por estrenar. Todo esto, provoca en los niños insensibilidad ante las cosas sencillas, cotidianas y valiosas, como pasear, hacer deporte, leer, conversar, o relacionarse socialmente con otros jóvenes "en carne y hueso". Se teme que a las nuevas generaciones solo les interese lo extraordinario, muy violento o muy sensual, donde la legítima satisfacción de los sentidos se vea suplida por la búsqueda de la sofisticación y el radicalismo emocional.

Todo esto trae como consecuencia que los niños puedan verse afectados en su proceso de socialización, creencias, valores y normas, así como en la generación de conductas agresivas y violentas. En definitiva que nuestros hijos vean alterado el normal desarrollo de su naciente personalidad, pues el abuso en el uso de las redes sociales, es una adición que acaba anulando el crecimiento emocional del niño generando la agresividad, el aislamiento, la pasividad, la obesidad, así como atrofiando la capacidad de pensar, crear e imaginar, produciendo una mentalidad de autómata regida por la ley del mínimo esfuerzo.

Nuestra responsabilidad como padres

¿Son nuestros hijos los primeros responsables de esta situación? ¿Lo somos los padres? ¿Lo es la industria electrónica y las cifras millonarias en ventas? Lo que está claro es que los padres debemos vigilar todo lo que nuestros hijos reciben fuera de casa, pero también puertas para adentro, pues los hogares y las habitaciones de nuestros hijos se han convertido en centro globalizado de cualquier tipo de información e influencia. Una madre nos decía angustiada por el comportamiento de su hijo, que en realidad no era un mal chico pues se pasaba todo el día en casa con su ordenador. No se daba cuenta de que el peligro estaba precisamente ahí, dentro de su propio hogar.

La conducta de nuestros niños y adolescentes no es algo que se pueda desligar de la

> Lo que está claro es que los padres debemos vigilar todo lo que nuestros hijos reciben fuera de casa, pero también puertas para adentro, pues los hogares y las habitaciones de nuestros hijos se han convertido en centro globalizado de cualquier tipo de información e influencia

conducta y actitudes del conjunto de la sociedad, ya que una conducta nunca se debe interpretar como aislada del contexto social al que pertenece. Dado que el primer contexto socializador donde crece un niño es la familia, estamos en disposición de afirmar, sin excusas, que los padres tenemos la primera y la última responsabilidad a la hora de vigilar, seleccionar y temporizar lo que ven y a lo que juegan nuestros hijos. La pérdida del liderazgo parental, donde las funciones normativas de autoridad, disciplina y respeto, brillan por su ausencia, ya hemos visto que pueden producir niños, adolescentes y jóvenes desarraigados, violentos y desorientados.

Pero, ¿tienen los padres toda la culpa? La ausencia de estructuras de autoridad, donde los niños puedan crecer con límites que les den seguridad, el poco tiempo del que disponen los padres que llegan a casa agotados habiendo consumido en el altar laboral el 90% de su tiempo y energía, provoca que la tentadora oferta de las "niñeras electrónicas" supla lo que ninguna máquina podrá suplir jamás: tiempo de calidad con los padres y hermanos, comunicación familiar, ocio compartido, juegos tradicionales, etc. A continuación reproducimos un artículo que habla por sí solo:

Un niño meditando en su corazón concluyó: Señor, esta noche quisiera pedirte algo muy especial... convertirme en un televisor, quisiera ocupar su lugar. Quisiera vivir lo que vive la tele en mi casa. Es decir, tener un gran cuarto para mí solo y reunir a todos los miembros de mi familia alrededor. Ser tomado en serio cuando hablo, convertirme en el centro de atención al que todos quieren escuchar sin interrumpir, ni cuestionar. Quisiera sentir el cuidado especial que recibe la tele cuando algo no funciona y tener la compañía de mi papá cuando llega a casa, aunque esté cansado del trabajo. Y que mi mamá me busque cuando esté sola y aburrida, en lugar de ignorarme, y que mis hermanos se peleen por estar conmigo y que pueda divertirles a todos aunque a veces no diga nada. Quisiera vivir la sensación de que lo dejen todo para pasar unos momentos a mi lado. Señor no te pido mucho... solo vivir lo que vive cualquier televisión.[84]

Dicho artículo, a pesar de estar un poco desfasado en el tiempo pues hoy cada miembro de la familia tiene sus propios móviles de nueva generación, nos sirve para ilustrar la idea de lo que en realidad acapara la mayor parte de nuestro tiempo y atención. En la generación de los padres fue mayormente la televisión, hoy los son las redes sociales y las nuevas tecnologías de la información.

La pregunta es: ¿Queremos esto para nuestros hijos? ¿Vamos a permitir que se conviertan en ciberadictos? Los padres tenemos toda la responsabilidad para no dejarnos ganar la partida por el "asalto tecnológico" a nuestros hijos, tenemos que reaccionar a tiempo y sacar provecho de los años impresionables de la niñez para crear en ellos e inculcarles los precursores del carácter, es decir los valores que harán de ellos hombres y mujeres de integridad: respeto, espíritu de sacrificio, disciplina, etc.

La adicción al ocio digital y sus causas

Aparte de la violencia y valores errados que ven nuestros hijos, lo que debiera preocuparnos es la pérdida de tiempo que implica estar ante la pantalla tantas horas, dejando de hacer otras actividades más instructivas o aun sus primeras responsabilidades. El carácter pasivo

> El carácter pasivo de la relación con estas nuevas tecnologías provoca que los niños ejerciten mal las actividades que requieren un esfuerzo decidido

---

[84] Fuente: internet

de la relación con estas nuevas tecnologías provoca que los niños ejerciten mal las actividades que requieren un esfuerzo decidido. Nos hemos sumergido en el ocio digital y la adicción a la pantalla. Esto viene provocado por las siguientes características de nuestra sociedad:

- *El consumismo:* Desde las redes sociales se somete a los jóvenes a un bombardeo continuo de mensajes que provocan la necesidad de consumir más tecnología de última generación. Los jóvenes son el mercado ideal para este tipo de productos porque no pueden resistirse a ese atractivo publicitario que les produce satisfacción instantánea.
- *El hedonismo de nuestra sociedad:* Se incita y seduce a nuestros hijos a disfrutar al máximo y a querer obtener satisfacción en el ocio inmediatamente y de forma compulsiva. Esto provoca mentes alienadas y jóvenes impulsivos que buscan el placer huyendo de todo lo que implique esfuerzo.
- *El culto a la imagen:* Se valora a la gente por lo que tiene y no por lo que es. Un móvil de determinada marca o el último videojuego, se convierten en una señal de identidad, en elementos de distinción que los jóvenes exhiben para ser admirados por los demás, es una forma de lucirse ante los otros, de estar a la última.
- *La presión del grupo:* La fragmentación social provocada por las tribus urbanas de cualquier signo e ideología, que publicitadas por los poderosos canales de información de las redes sociales, produce la necesidad de ser reconocido por el grupo como "de los suyos" permitiendo que muchos jóvenes imiten las conductas del grupo sin cuestionarlas. De aquí se deriva la posibilidad real de que los jóvenes sean captados y radicalizados por grupos con ideologías nazis, radicalismo islámico, etc.

Pautas para el uso responsable de las redes sociales

Para finalizar y entendiendo que ya estamos bien mentalizados de los peligros que entrañan el mal uso de las redes sociales, sugerimos algunas pautas para organizar el tiempo y la selección de los contenidos que pueden ver nuestros hijos:

- *Distribución de los roles:* Nuestros hijos deberían aprender que su tiempo de ocio electrónico debe estar supeditado al cumplimiento de unas responsabilidades previas (tarea escolar, responsabilidades domésticas, tiempo de comunicación familiar, ocio no digital, etc.) Es vital que el niño crezca asumiendo determinados roles en el hogar, pequeñas tareas que le vayan ayudando a entender los conceptos de responsabilidad y solidaridad familiar.

- *Selección de los contenidos:* Los padres no podemos dejar a criterio de la televisión, videojuegos, o redes sociales, la selección de contenidos que pueden ver nuestros hijos. Es nuestra responsabilidad discriminar los programas que pueden ver o con los que pueden jugar, y explicarles el motivo y los peligros potenciales. Incluso que sean ellos mismos quienes den su opinión sobre qué tipo de valores realmente están recibiendo de los medios.

- *Selección del tiempo:* Si no les marcamos un tiempo, les dejamos todo el tiempo. El uso de la tecnología debe limitarse al tiempo que nosotros les marquemos, y estar supeditado al cumplimiento de otras responsabilidades primarias ya mencionadas en el punto primero sobre la distribución de roles. No podemos caer en la tentación de anular a nuestros hijos frente al móvil, ordenador o videojuego, solo porque es más cómodo para nuestros intereses.

– *El uso de filtros de control parental:* No hemos mencionado el consumo de pornografía que se está convirtiendo en una auténtica epidemia entre los jóvenes[85], muchos de ellos adictos al consumo de esta degradación de la sexualidad. Para prevenir que nuestros hijos puedan acceder a su consumo, los padres deben instalar filtros de control parental en todos los aparatos electrónicos susceptibles de conexión a internet. Esto no es optativo, es imperativo, y nuestros hijos deben asumirlo si quieren utilizar su móvil u ordenador. Los filtros de control parental permiten bloquear no solo pornografía, sino también otros contenidos que consideremos peligrosos para nuestros hijos: violencia, drogas, armas, etc.

Finalizamos este apartado enfatizando que lo que buscamos no es estigmatizar las nuevas tecnologías y las redes sociales, pues han supuesto un gran avance permitiéndonos unos canales de información y una rapidez en las comunicaciones, sin precedentes. El problema está en que el uso se puede convertir en abuso, y que asimismo la universalidad de los contenidos a disposición, nos facilita acceder tanto a todo lo bueno, como a todo lo malo. Somos, por tanto, los padres quienes debemos regular con mucho rigor el uso de las redes sociales, compensándolo con otras interacciones familiares para que lo que leguemos a nuestros hijos, no tenga que ver con electrónica de última generación, sino con valores y normas que les capaciten para enfrentarse bien equipados, a la difícil sociedad que les toque vivir.

> Somos, por tanto, los padres quienes debemos regular con mucho rigor el uso de las redes sociales, compensándolo con otras interacciones familiares

---

[85] Y no tan jóvenes, pues muchos adultos son consumidores ocasionales o compulsivos de esta lacra social.

Preguntas para la reflexión

La educación sexual de nuestros hijos y las redes sociales

1. Hablad como padres sobre vuestro propio concepto de sexualidad y las formas en las que vuestros hijos reciben hoy sus conceptos de sexualidad.

2. Qué opináis sobre esto: "Hacemos educación sexual continuamente, aunque no seamos consciente de ello. Educamos a nuestros hijos a través de nuestros pudores, nuestras caricias, nuestros silencios y opiniones".

3. ¿Qué grado de libertad hay en nuestro hogar para hablar de sexualidad? Ante una sociedad sexualizada, ¿qué pasos podéis dar para transmitir una sexualidad responsable a vuestros hijos?

4. Sexualidad biológica y sexualidad afectiva, ¿cómo influye en los jóvenes?

5. ¿Debería la iglesia, ante la "colonización ideológica" de nuestros hijos, contrarrestar con una "colonización teológica"? ¿Qué papel ocupa la iglesia en todos estos temas, debe callar o actuar?

6. Alguien afirmó: "Las redes sociales han impuesto su autoridad por encima de los padres", ¿qué opináis?

7. Puesto que las redes sociales son parte de nuestras vidas, como padres, ¿qué sería enseñar un uso responsable? Peligros y ventajas de las mismas.

8. Hemos hablado de adicción al ocio digital y algunas de las características de una sociedad que lo promueve. Desde vuestra responsabilidad de padres, ¿cómo pensáis que afecta a vuestros hijos cada una de las características mencionadas? ¿Podrías añadir alguna más?

   a. Consumismo
   b. Hedonismo
   c. Culto a la imagen
   d. Presión del grupo

9. Dad vuestra valoración personal de cada una de las pautas para un uso responsable de las redes sociales:

   a. Distribución de roles
   b. Selección de contenidos
   c. Selección del tiempo
   d. Uso de filtros de control parental

3ª PARTE
Enviando

CAPÍTULO 9

La transmisión de la fe

La espiritualidad en la familia

La educación espiritual es una cuestión que debe enseñarse y desarrollarse básicamente dentro de la familia. Muchos padres piensan que enviando a los niños a la iglesia, ya cumplen con la formación espiritual de sus hijos, y esto es un grave error pues las raíces de la fe solo se adquieren en el hogar mediante el ejemplo y modelaje de los padres en primer lugar, y mediante la práctica habitual de sanas disciplinas. Ambos conceptos, lo modelado y lo practicado, imprimirán en la vida de nuestros hijos una impronta que permanecerá para siempre, ya lo dice la Palabra: *Instruye al niño en su camino y aun cuando fuere viejo no se apartará de él*"[86]. Esto nos hace muy consciente de la importancia de que el matrimonio, como la base del hogar, tenga

---

[86] Prov.22:6

un compromiso real con Dios para después poder instruir a sus hijos. Es vital para la salud familiar compartir tu vida espiritual con tu cónyuge, pasar tiempos juntos con la Palabra, orar, hablar de lo que está ocurriendo en vuestras vidas, incursionar en vuestro mundo interior, eso va a crear una intimidad especial y va a proveer también una autoridad sobre los hijos a la hora de orar en familia e inculcar en ellos valores que permanecerán.

La oración permite que abras tu corazón tal cual es y está, si lo haces con tu cónyuge será una oportunidad preciosa para conocerlo a un nivel diferente. Es importante que el desarrollo de la vida espiritual como pareja sea una prioridad, ya que los enemigos de la vida espiritual en el matrimonio son: nuestro propio egoísmo, la falta de planificación y compromiso, falta de tiempo, cansancio, apatía, y como no, el mismo Satanás, quien es el principal opositor a una vida espiritual activa que fortalezca y blinde los matrimonios y familias.

En el libro de Deuteronomio en su capítulo 6, se da la oración principal del pueblo judío, "la gran Shemá". Es la declaración del principio fundamental de su fe, la creencia en un Dios único y en su código ético. El pueblo de Israel que iba a ser dispersado por todas las naciones, debía tener en el hogar su principal reducto para conservar su identidad de pueblo elegido, entre otras cosas porque los pueblos donde iban a ser dispersados, mantenían costumbres paganas e idólatras con las que no se debían mezclar. Y es que el hogar se constituía, por derecho propio, en el mejor lugar para conservar su identidad y no adulterar su fe y creencias. El hogar visto como el contexto natural para la transmisión de la fe.

La vida espiritual en familia, aparte del devocional familiar que ahora comentaremos y que forma parte indispensable de las sanas tradiciones y de la transmisión de la fe, debe ir más allá de los momentos puntuales y debe permear el ambiente familiar incluyendo momentos enseñables, tiempos de intimidad, es decir espacios donde se den contextos que ya sea de juego o de reflexión, puedan derivar hacia alguna explicación espiritual. De lo cotidiano a lo divino. Ese es el papel adecuado de la presencia de los padres como iniciadores de la vida espiritual: saber integrar el concepto de espiritualidad en todos y cada uno de los aspectos de la vida familiar.

> Ese es el papel adecuado de la presencia de los padres como iniciadores de la vida espiritual: saber integrar el concepto de espiritualidad en todos y cada uno de los aspectos de la vida familiar

Familia, mesa y Palabra

En el desarrollo de la vida espiritual, el tiempo devocional familiar es clave, no olvidemos que la familia es nuestra primera iglesia y dentro de nuestras actividades cotidianas a lo largo de la semana, debe ocupar un lugar central. ¿En qué momento debemos tener un tiempo de reflexión familiar con la Palabra? ¿Con qué periodicidad? A nosotros como familia nos costó establecer el momento y la frecuencia adecuados. Finalmente nos dimos cuenta que después de la comida del mediodía, era el momento más propicio pues ya estábamos sentados en la mesa frente a frente y en un contexto de disfrutar de la comida, por tanto nos resultó algo natural cada día leer y orar como familia.

La palabra compañerismo en su etimología alude al concepto de "comer pan con", y esto nos da una idea del sentido de comunión y comunicación que se establece durante las comidas familiares. Asimismo la etimología de las palabras "mesa y altar" es muy semejante, pues ambos aluden a muebles planos y altos. En la mesa se *compartía* y en el altar se *ofrecía* el sacrificio a Dios. En el Lugar Santo dentro del Tabernáculo, la mesa con los panes de la proposición, 12 panes, uno por cada tribu, recogía el concepto de unidad y comunión de todo el pueblo hebreo. Asimismo, y ya en el Nuevo Testamento, la Santa Cena comenzó siendo una comida fraternal por las casas y alrededor de la mesa. El propio Jesús era acusado por los fariseos de "comilón y bebedor", ya que sus más grandes enseñanzas giraban en torno a la mesa. Mesa y Palabra, comunión e instrucción son en realidad las bases del culto cristiano[87]. El Salmo 128 habla de las bendiciones de vivir en familia y en el verso 3 dice: *Tus hijos como plantas de olivo alrededor de tu mesa.*

Como podemos observar a lo largo de toda la historia de la Biblia, sentarse alrededor de la mesa para comer, era toda una liturgia que incluía la bendición paterna y que permitía que los hijos, como plantas de olivo frágiles y moldeables, recibieran la enseñanza y la comunión familiar. La mesa vista como un lugar sagrado de comunión e instrucción.

Cómo han cambiado las cosas desde entonces... Hasta hace pocos años y en muchos hogares se comía mirando la televisión colectivamente, ahora ni eso, ahora cada miembro de la familia, especialmente los hijos y si los padres se lo permiten, pueden llegar a comer enchufados cada uno en su mundo virtual paralelo. El sentarnos a la mesa sin "el ocio digital", cuando menos debería servir para comunicarnos e interesarnos por los demás. Deberíamos recuperar el sentarnos juntos a comer, mirándonos, hablándonos, escuchándonos y apagando la televisión o el móvil cuando estamos comiendo, pues de otra forma la comunicación se

> Deberíamos recuperar el sentarnos juntos a comer, mirándonos, hablándonos, escuchándonos

---

[87] Para ampliar información ver nuestro libro *El Culto Cristiano*, CLIE, Barcelona, 2002

reduce a *quita la botella que no veo,* o *baja el volumen del móvil que no escucho el mío.*

Es cierto que muchas familias no tienen el privilegio de comer juntas cada día, también es cierto que muchas parejas llegan tarde a casa y puede ser que sus hijos ya estén dormidos. Sabemos que la sociedad de consumo no nos lo pone fácil, pero no hay que rendirse. Si es necesario y no hay tiempo entre semana, sería sabio que los sábados fuera el "día familiar" y se promovieran tiempos juntos de lectura de algún libro devocional, meditación en la Palabra y tiempo de oración. La cuestión es establecer sanas rutinas que normalicen en nuestros hijos y en la vida familiar, la lectura y la oración, y desde luego, si lo podemos hacer cada día mucho mejor. Debemos ser conscientes, que al igual que la escuela no puede suplir la educación del hogar, el culto del domingo no puede suplir la vida espiritual en familia.

La importancia de la figura paterna

El versículo de Isaías 38, *El padre hará notoria la verdad de Dios a sus hijos,* deja sin excusa la pregunta sobre quién debe guiar espiritualmente a nuestra familia. Está claro que los padres, hombre y mujer, deben velar por la educación integral de sus hijos, pero el hombre tiene la responsabilidad de ser el sacerdote de su hogar[88]. El es el escalón natural que debe modelar la sana imagen que un hijo debe tener de su padre, pues cuando el hijo/a tenga que ver a Dios como padre celestial, entenderá el concepto de forma adecuada, si ha tenido una buena imagen de su padre terrenal. Es decir, su padre terrenal será el escalón natural para hacerle entender la correcta idea del padre

---

[88] Esto no quiere decir que la madre no pueda ejercer la misma función, pues el sacerdocio universal establece que todos los creyentes somos sacerdotes con pleno derecho a entrar en el LSS, pero sí que el padre tiene una mayor responsabilidad como cabeza del hogar.

celestial. Alta responsabilidad para la que tristemente muchos hombres no están a la altura.

En nuestro trabajo con parejas observamos que en muchas ocasiones es la madre la que se encarga de la educación de sus hijos, incluida la educación espiritual, pues estamos convencidos en base a nuestra experiencia, de que muchas mujeres asumen de forma natural la responsabilidad por la vida de sus hijos en cotas mayores que el varón. La biología de la mujer y el hecho de la maternidad la predisponen más al cuidado y protección de la prole, mientras que en muchos varones los principios de pasividad, independencia y la herencia machista, dificultan lamentablemente en no pocos casos, que el hombre asuma su responsabilidad de cabeza. Son muchos los varones que al no estar cumpliendo su rol de esposos en el hogar, no tienen la autoridad para ser ejemplos e iniciadores espirituales en la vida de sus hijos. Es muy difícil transferirle un principio espiritual a tus hijos si uno no lo está cumpliendo en su propia vida.

Hoy sufrimos una crisis de la masculinidad sin precedentes, matrimonios con hombres pasivos, no implicados en la vida de sus hijos ni en el aspecto emocional ni en el espiritual. La importancia del rol paterno es clave, estando avalada por el modelo de oración con el que Dios nos enseña a orar en las Escrituras, y que comienza con la palabra "Padre". En realidad el hecho de que nos valoremos a nosotros mismos como personas, depende en gran medida de la afirmación que nos viene de la voz masculina, y por eso nuestra responsabilidad como padres y como hombres de integridad es muy grande, ya que estamos marcando el destino y la impronta espiritual de nuestros hijos.

> La importancia del rol paterno es clave, estando avalada por el modelo de oración con el que Dios nos enseña a orar en las Escrituras, y que comienza con la palabra "Padre"

Declarando línea generacional bendecida

Cuando, bajo el pacto abrahámico en Génesis 12, Dios declara que la familia iba a ser el instrumento que usaría para bendecir a todas las familias de la tierra, nos traspasa en nuestra función de padres e hijos, la responsabilidad familiar de restablecer *la cultura de la bendición*. La ética del pueblo hebreo estaba instaurada de tal manera en la vida cotidiana, que constantemente se bendecía y se hablaba de bendición, lo cual traía salud y bienestar. La bendición de los padres sobre sus hijos es algo con carácter sagrado. Los padres deben modelar y provocar en sus hijos la necesidad e importancia de declarar palabras de bendición. Los padres, y el hombre especialmente como sacerdote, deben ser cobertura y protección de los suyos, esto se cumple con los hijos, especialmente en el acto de la bendición paterna. Quizás una bendición parecida fue la que buscaba Jacob de su padre y por la que le robó la primogenitura a su hermano. Quizás muchos hijos salieron de sus casas sin recibir la bendición de sus padres, y como adultos que no han sido validados en su autoestima, no cesan de buscar aprobación de muchas formas. En realidad buscan la bendición del padre que nunca obtuvieron.

Algo tan sencillo pero tan trascendental como que los padres oren por sus hijos cada día antes de ir al colegio o en otros momentos cotidianos, o que pidan y declaren la bendición y protección de Dios sobre sus vidas, en todo momento, pero especialmente en ocasiones como viajes o salidas donde se va a estar separado de la familia. O la bendición paterna cuando el padre o la madre, o ambos, oran por sus hijos con imposición de manos ante los grandes retos de la vida: las graduaciones en sus estudios, su primer trabajo, su ceremonia de boda, etc.

Existe una fórmula de bendición paterna, compuesta por 3 frases que cuando un hombre las pronuncia y la declara sobre sus hijos, tiene un efecto poderoso en su autoestima y valor como persona. Somos conscientes de que las madres, generalmente más comprometidas con el entorno familiar, ya proveen en buena medida las dosis de cuidado emocional y cobertura espiritual que los hijos necesitan. No así muchos hombres que, debido a la crisis de la masculinidad,[89] han abdicado de su responsabilidad como padres y agentes de bendición sobre la vida de sus hijos. Este es el motivo por el que debemos animar a los hombres a que se esfuercen por pronunciar sobre sus hijos las tres palabras siguientes: *Te quiero, estoy orgulloso de ti, eres bueno en algo.*

Esas son las tres palabras que Dios el Padre decreta sobre la vida de su hijo cuando en el monte de la transfiguración[90], en un momento crítico para la vida de Jesús, su Padre le reafirma y bendice pronunciando sobre Él la siguiente declaración: "Este es mi hijo amado (*te quiero*) en el cual tengo complacencia (*estoy orgulloso de ti*) a él oíd" (*es bueno en algo*).

En base a ello, los padres, tanto el hombre como la mujer, tienen un poder especial como los representantes de Dios para cubrir y bendecir la vida de sus hijos. Los padres que oran, declaran y decretan bendición sobre sus hijos, sus futuros matrimonios y aun por los hijos de sus hijos, están preparando y allanando el camino para que estos anden en la verdad. El Salmo 132 dice: *Si tus hijos guardaren mi pacto, y mi testimonio que yo les enseñaré, sus hijos también se sentarán sobre tu trono para*

> Los padres que oran, declaran y decretan bendición sobre sus hijos, sus futuros matrimonios y aun por los hijos de sus hijos, están preparando y allanando el camino para que estos anden en la verdad

---

[89] Para más información sobre la crisis de la masculinidad ver nuestro libro: *Tu identidad sí importa*, CLIE, Barcelona, 2014

[90] Mt.17:5

siempre[91]. De igual forma el Salmo 78:5-6 habla de la transmisión generacional de la fe a través de los padres: *Puso ley en Israel, la cual mandó a nuestros padres que la notificasen a sus hijos; para que lo sepa la generación venidera, y los hijos que nacerán.* La oración de los padres sobre los hijos tiene un poder especial para transmitir bendición. A día de hoy, y junto con María del Mar, oramos cada día por la vida de nuestro hijo declarando y confesando bendición sobre su vida y simiente. Aún no tiene novia, o precisamente por eso, oramos por la mujer que un día acompañará su vida, oramos por sus hijos, nuestros nietos, y aun por los hijos de nuestros nietos. De esta forma despejamos y preparamos el camino, decretando línea generacional de bendición[92].

---

[91] Sal.132:12

[92] En el apéndice que figura al final del libro incluimos varios modelos de oración para decretar protección y bendición sobre nuestros hijos y familia.

Preguntas para la reflexión

La transmisión de la fe

1. Compartid sobre vuestro concepto personal de espiritualidad.

2. ¿Cómo se vivió la espiritualidad en vuestro hogar y familia origen? ¿Qué huella ha dejado en vuestras vidas?

3. Generalizando, ¿por qué creéis que hay una crisis de masculinidad y pasividad en el aspecto emocional y espiritual de los varones? ¿Qué factores han podido llevar a ello?

4. Dialogar sobre de qué formas la bendición paterna afecta a los hijos.

5. ¿Qué significa para vosotros como familia tener un tiempo devocional? ¿Cuál y cómo es vuestra vivencia personal de este tiempo?

CAPÍTULO 10

Fuentes de alimentación emocional de nuestros hijos

De sobra es sabido por todos, que para que nuestros hijos crezcan estables y maduros emocionalmente, debemos proveerles las fuentes de alimentación que fijen en sus vidas los pilares de valoración y autoestima. Después de mencionar la importancia de la transmisión de la fe, las fuentes de alimentación emocional que vamos a desarrollar son aspectos prácticos de esa cultura de la bendición con la que finalizamos el apartado anterior. Estas fuentes de suministro

> Para que nuestros hijos crezcan estables y maduros emocionalmente, debemos proveerles las fuentes de alimentación que fijen en sus vidas los pilares de valoración y autoestima

afectivo son 5: palabras de afirmación, contacto físico, mirada directa, atención concentrada, tiempo de calidad[93].

Palabras de afirmación: *reforzando autoestima*

Muchas familias no han conocido el tremendo poder de las palabras para confirmarse y afirmarse los unos a los otros, y lamentablemente sí han conocido el poder de las palabras para descalificarse y destruirse unos a otros. Y es que las palabras dependiendo de cómo las usemos, son semillas que edifican o balas que destruyen, ya lo dice Proverbios: *La vida y la muerte están en poder de la lengua*[94]. Las palabras de afirmación son poderosos comunicadores de amor que deberíamos usar en nuestra vida cotidiana de forma natural: "Gracias por hacer esto por mí, la comida estaba muy rica, te felicito por tus tareas, eres especial, te amamos, etc." Cuando hacemos esto, especialmente en el entorno familiar, estamos creando un ambiente emocional que rompe barreras y abre las puertas a una comunicación profunda.

Ya sea de forma consciente o inconsciente, nuestro entorno familiar, especialmente los padres, nos han influenciado mucho, determinando el tipo de personas que finalmente llegamos a ser. La personalidad del ser humano se consolida básicamente antes de los cinco primeros años de nuestra vida, por eso todo aquello que se le dice al niño, lo que él percibe y cómo lo interioriza es de vital importancia, pues todo ser humano y especialmente los niños tienen un tanque emocional que debe ser llenado continuamente y del que se van nutriendo para un crecimiento equilibrado. El ejemplo de nuestros padres, los refuerzos positivos con palabras de afirmación, la autoridad y

---

[93] Estas fuentes de suministro afectivo están mencionadas por Gary Chapman en su libro *Los cinco lenguajes del amor*, UNILIT, Miami 1996

[94] Prov.18:21

la disciplina bien enfocadas, todo ello son características que modelarán y formarán una identidad clara en el niño. Al contrario, un contexto familiar con refuerzos verbales negativos que impliquen falta de amor y respeto, menosprecio o crítica, es decir palabras de desprecio en general, lo que alienta y propicia en nuestros hijos, es una identidad distorsionada con inseguridad, falta de confianza, temor, etc.

> El ejemplo de nuestros padres, los refuerzos positivos con palabras de afirmación, la autoridad y la disciplina bien enfocadas, todo ello son características que modelarán y formarán una identidad clara en el niño

Las Escrituras, y concretamente el libro de Proverbios, no dejan lugar a la duda en cuanto al inmenso poder de las *palabras*: Prov.12:18 *Hay hombres cuyas palabras son como golpes de espada*, Prov.12:25 *La buena palabra alegra el corazón del hombre*, Prov.15:1 *La blanda respuesta quita la ira, más la palabra áspera hace subir el furor*. Esto nos hace conscientes de que en la frágil y blanda personalidad de nuestros hijos, nuestras palabras tienen mucho poder, de hecho y como ya hemos mencionado, son balas o semillas y por tanto pueden ser usadas para destruir o edificar, teniendo el poder de hundir una vida o de levantarla. Nuestro amigo Sixto Porras comenta: *Una palabra tiene la habilidad de calar profundo en las emociones, crea imágenes que refuerzan o lastiman el amor propio. Las palabras positivas producen aceptación, valor, desarrollan confianza, elevan la estima, forjan un carácter afable y marcan un destino prometedor*[95].

Con una sencilla palabra, mirada o expresión facial podemos herir los sentimientos de nuestros hijos aunque no sea nuestra intención, o podemos sacar lo mejor de ellos. Rojas

---

[95] Fuente: www.enfoquealafamilia.com

Marcos afirma lo siguiente: *Las palabras tienen el poder de reafirmar y modelar identidad.* La conclusión a la que llegamos es poderosa: *Un hijo cosecha los beneficios de las palabras de afirmación de sus padres, durante toda su vida.*

El contacto físico: *el valor de un abrazo*

Manuel Cubero dice: *El ángel de los sueños me contó que, en un futuro, todos los niños aprenderán que un abrazo es la mejor arma para conquistar a otra persona.* Nuestro hijo Noel vivió tres años en Italia como parte de su formación en una escuela bíblica. En ocasiones hacían salidas evangelísticas por la ciudad de Milán, y a veces su estrategia era el abrazo. Uno de ellos se vestía de hombre anuncio y en el frontal y la espalda podía leerse: *Se dan abrazos gratis,* y detrás iban cuatro o cinco jóvenes que ofrecían lo prometido. Algunas personas rechazaban abiertamente el ser abrazadas, pero Noel nos comentaba como otras se dejaban abrazar mientras que las lágrimas corrían por sus mejillas.

El valor de un abrazo es innegable, sobre todo en los niños pues su reserva emocional se nutre principalmente de expresiones físicas de amor, hasta tal punto que en el primer año de su vida no podría sobrevivir sin la presencia física de su madre: su olor, su calor, la intimidad de la lactancia, la cadencia de los latidos de su corazón cuando abraza y recoge al niño contra su pecho, todo ello es lo que realmente nutre sus necesidades físicas y emocionales. En el contacto físico y las expresiones afectivas de amor, en cualquier otra etapa en la vida de nuestros hijos, los padres tenemos la mejor fórmula para garantizar y nutrir su estabilidad emocional, y aun su propio

> La necesidad que tiene un niño de contacto físico nunca se acaba, aunque el tipo de contacto y su expresión sea diferente a medida que va creciendo

éxito como padres en el futuro. La necesidad que tiene un niño de contacto físico nunca se acaba, aunque el tipo de contacto y su expresión sea diferente a medida que va creciendo. Es cierto que llegada la adolescencia pareciera que los jóvenes rehúyen precisamente las muestras afectivas de contacto físico, pero es siempre coyuntural, temporal, y debido a su proceso de maduración y desidentificación para transitar de niño a joven. En realidad nuestros hijos nunca dejan de tener necesidad de contacto físico, y como padres debemos estar alerta para, ante cada oportunidad que se nos presente, darles estas prácticas demostraciones de amor: un abrazo, una caricia, una palmadita en la espalda, un beso tierno, etc.

Estas preciosas oportunidades son limitadas. Un niño pasa pronto de una etapa a la siguiente, y antes de que nos demos cuenta, las ocasiones para darle lo que necesita han venido y se han ido, habida cuenta de que la mayoría de los varones tienen menos necesidad de expresiones físicas de amor, lo que no quiere decir que no las necesiten. En una niña el contacto físico aumenta en importancia a medida que ésta se hace mayor. En ellas confluyen una mayor carga hormonal y por lo tanto una mayor fluctuación en el manejo de sus emociones, así como un mayor tanque emocional y afectivo. Este tipo de contacto con expresiones físicas de cariño y amor es básico para llegar a la adolescencia con las necesidades emocionales bien cubiertas. Si una niña se siente a gusto como "mujer" cuando entra en la adolescencia, esta será relativamente tranquila y manejable, eso sí con los altibajos habituales de ese periodo de ajustes.

La identidad sexual es la aprobación e identificación propia como hombre y mujer y nuestros hijos van recibiendo dicha afirmación en primer lugar de su madre, pero para "fijar" la correcta identidad sexual de cada niño, se necesita la voz y sobre todo la presencia del padre, él afirma la masculinidad y la feminidad de sus hijos. Evidentemente la presencia de la madre es vital en todo el proceso y ellas suelen ser afectivas y cariñosas por naturaleza, no así muchos varones que si no se autoimponen expresiones físicas de cariño y ternura, provocan vacíos en el depósito emocional de sus hijos, y especialmente de sus hijas.

Un problema que existe en nuestra sociedad, es que cuando la niña se va haciendo mayor, por lo general su padre se siente cada vez más incómodo en cuanto a darle el afecto que precisa. Al llegar la hija a la edad en la que más necesita el cariño de su padre, este se siente más torpe e incómodo, especialmente en cuanto al contacto físico, lo que puede generar un hueco emocional, una carencia afectiva que a veces provoca que estas jovencitas confundan la línea entre afectividad amistosa y afectividad sexual en su trato con otros adolescentes. Esto debe alertarnos, sobre todo en nuestro papel de padre, a ofrecer contacto físico a nuestros hijos en general, y a nuestras hijas en particular.

En una ocasión un niño tuvo una pesadilla y llamó llorando a su mamá. Cuando esta acudió a la habitación del pequeño, lo abrazó y le dijo: *Hijo, no te preocupes Dios está siempre contigo, no tienes que tener miedo.* Entonces el niño le respondió: *Ya lo sé mamá, pero a veces necesito ver a Dios con piel.* Esta sencilla historia ilustra la realidad de que todos tenemos necesidad de piel, es decir de contacto físico con ternura, pero lo más importante es que nosotros, todos los creyentes, somos el Cuerpo de Cristo y por lo tanto la piel de Dios. Cuando entendemos esta realidad y la llevamos al ámbito de la familia, entonces un beso, una caricia, un abrazo, llegan a ser expresiones de amor que nacen en el corazón de Dios y se hacen reales a través nuestro.

La mirada directa: *los ojos, ventanas del alma*

Un niño usa la mirada directa para nutrirse emocionalmente. ¿Qué es la mirada directa? Consiste en mirar directamente a los ojos de otra persona, pues tenemos la tendencia de amar a las personas que mantienen una mirada directa agradable hacia nosotros. El gran error es cuando miramos a nuestros hijos para dar instrucciones o para regañar solamente, es decir, cuando la mirada directa es usada solo en contextos de reprensión o castigo, estamos provocando que nuestros hijos asocien nuestra mirada con disciplina y lamentablemente al hacerlo así, estamos evitando que la mirada, nuestros ojos como ventanas del alma, transmitan seguridad y conexión con nuestros hijos. La mirada directa es una de las principales fuentes de alimentación emocional de un niño pues a través de ella transmitimos seguridad y aceptación.

> La mirada directa es una de las principales fuentes de alimentación emocional de un niño pues a través de ella transmitimos seguridad y aceptación

Algo muy negativo es evitar la mirada directa a modo de castigo como ignorando a nuestros hijos. El negarnos conscientemente a dirigir una mirada directa a un niño ignorándole, puede ser más doloroso que el castigo corporal, y puede llegar a ser uno de esos incidentes que marquen la vida de un niño para toda la vida. Amelie Nothomb dice lo siguiente: *La vida comienza allí donde comienza la mirada.*

Cuando un recién nacido mira a su madre, sus pupilas se dilatan en una mirada que proyecta ternura y aceptación plena, todavía las palabras no son un terreno común y el lenguaje verbal es sustituido por la mirada directa y el lenguaje gestual. Esto hay que mantenerlo adaptándolo a las distintas etapas evolutivas del niño, así se genera complicidad, aceptación plena e intimidad familiar. Como venimos diciendo, cuando la mirada directa se usa para reprender, puede provocar hijos inseguros e incapaces de mirar de frente a otras personas, por temor a que también les transmitan las mismas sensaciones negativas que le legaron sus padres. Por el contrario, cuando nuestros hijos crecen normalizando los beneficios de la mirada directa, serán capaces de mirar a los ojos de las personas transmitiendo seguridad y confianza.

Enviamos y recibimos con los ojos más mensajes que con cualquier otra parte del cuerpo. El contacto visual es esencial para conectar con la gente. Esquivar la mirada es un signo de que escondemos algo. Como nos indica Carol Kinsey, cuando una persona no es honesta nos devuelve pocas veces la mirada. Mirar a los ojos (sin caer en la mirada intimidatoria) es esencial para que haya una base de confianza en la comunicación. Y lo que veamos en los ojos del otro nos dará muchas pistas sobre lo que nos quiere decir. Por ejemplo, ver a alguien mirando hacia arriba y a la izquierda, indica que la persona está recordando algo; hacia arriba y a la derecha, que está fantaseando, y hacia abajo y a la derecha, que está recordando un sentimiento. Una mirada que va rápidamente de un lado a otro nos dirá que la persona no está segura o se pone a la defensiva (busca inconscientemente la puerta de salida), y unos ojos llorosos y empañados dicen muy a menudo aquello para lo que no tenemos palabras.[96]

Como vemos, la psicología de la mirada es todo un arte que los padres debemos aprender para fortalecer la comunicación con nuestros hijos, tiene un poder que trasciende muchas veces la limitación de la palabra, de hecho también podríamos decir que *una mirada vale más que mil palabras.*

---

[96] Fuente internet: https://elpais.com/diario/2009/04/12/eps/1239517611_85 0215.html

La atención concentrada: *soy especial para ti*

En ocasiones hay padres que no valoran la opinión de sus hijos ni sus puntos de vista, sin darse cuenta de que para ellos nuestra valoración sobre lo que nos dicen es de extrema importancia. Por ello los padres nunca deben ignorar o infravalorar los argumentos u opiniones de sus hijos, por infantiles que estos puedan parecer. Si un padre o una madre no mantienen la atención concentrada cuando sus hijos los requieren para preguntarles, para contarles algo, o para opinar sobre algo, el mensaje que reciben es que no son importantes y hay otras cosas que prefieren hacer sus padres. Si a la pregunta de un niño su padre le contesta manteniendo su atención sobre el "importante" partido de fútbol que está viendo, sin mirarle y dándole una explicación simplista y como para salir del paso, el niño recibe el mensaje implícito. Al mismo tiempo, si el padre o la madre ante la pregunta de su hijo, deja de mirar la televisión o lo que esté haciendo para mantener la atención concentrada sobre él, esto genera el siguiente mensaje: "Estoy solo con mis padres, los tengo en exclusividad para mí, en este momento soy la persona más importante para ellos". Sin la atención concentrada los niños experimentan una ansiedad creciente, ya que sienten que todo lo demás es más importante que ellos.

El refranero popular dice que la *bisagra que más chirría es la que se lleva el aceite*. Si bien es cierto, se debe matizar que todas las bisagras necesitan aceite, es decir todos los niños tienen las mismas necesidades afectivas, tanto si las demandan como si

> Si un padre o una madre no mantienen la atención concentrada cuando sus hijos los requieren para preguntarles, para contarles algo, o para opinar sobre algo, el mensaje que reciben es que no son importantes y hay otras cosas que prefieren hacer sus padres

no. Además, cuando nos concentramos en atender a nuestros hijos y escuchar lo que nos dicen, y aun preguntarles qué opinan sobre algo, nos brindan la oportunidad de valorarlos, darles credibilidad y hacerles ver que lo que nos digan es importante para nosotros, a la par que se genera una libertad y una base de confianza que permitirá que cuando tengan problemas o dudas importantes, acudan a nosotros confiados.

Inés Pelissie habla de que los padres debemos colmar el espacio emocional de nuestros hijos y comenta lo siguiente: *¿Qué significa atención concentrada? Significa proporcionar al hijo una atención total y no compartida, de modo que sienta, sin duda alguna, que es completamente amado, que goza de suficiente valor por sí mismo, como para justificar un interés sin distracciones y una consideración sin compromisos por parte de sus padres*[97]. De forma que una de las mejores maneras de dar a un niño atención concentrada es apartar tiempo para pasarlo con él a solas y en exclusividad, ya sea en contextos lúdicos o de reflexión más profunda, pero para hablar de esto, es decir del tiempo, pasamos al siguiente punto.

Tiempo de calidad: *generando recuerdos*

Las demandas de la sociedad moderna nos han robado el bien más preciado que tenemos, el *tiempo*. Poseemos una cantidad limitada del mismo para modelar el barro de nuestros hijos, es por ello que como padres debemos estar muy atentos y ser muy conscientes de saber aprovechar bien los momentos enseñables durante el fugaz paso de la infancia, para poder inculcar en esos años impresionables de la niñez, los precursores de un carácter equilibrado.

---

[97] Pelussie, Inés, *Por favor háblame de amor*, EduCom, Francia 2001, p.167

Los niños, nuestros hijos, necesitan, sobre todo en su primera infancia, tiempo suministrado en calidad y en cantidad. Necesitan la presencia del padre y de la madre, su contacto físico, necesitan saber que sus padres están cerca, no necesitan su atención continuada, pero sí notar su presencia, su cercanía. En esa tierna edad sus padres, en especial la madre, constituyen todo su universo. Por ello los padres tenemos que vencer la tentación de pensar: *Para estar aquí solo/a sin que me hagan caso, los dejo con un canguro*[98], y es que debemos entender que los niños juegan contentos y seguros precisamente porque mamá o papá están allí, porque saben instintivamente que si están allí es por ellos. Solo eso, donde aparentemente no les aportamos ni les decimos mucho, ya es tiempo de calidad invertido en sus tiernas vidas.

> Poseemos una cantidad limitada del mismo para modelar el barro de nuestros hijos, es por ello que como padres debemos estar muy atentos y ser muy conscientes de saber aprovechar bien los momentos enseñables durante el fugaz paso de la infancia

Veamos algunas pautas prácticas para optimizar el tiempo que podemos pasar con nuestros hijos:

- Los padres deben priorizar el pasar tiempo juntos en alguna de las comidas del día. La presencia de la familia en torno a la mesa, genera espacios propicios para compartir.
- Los padres deben pasar tiempos lúdicos con sus hijos, de juego, risas y disfrute juntos.

---

[98] En España se entiende por "canguro" la persona que cuida a los niños en momentos puntuales cuando los padres no están.

221

- Bañar a los bebés, debe pasar de una tarea rutinaria, a convertirse en un tiempo entrañable que también los padres varones deben compartir, pues genera intimidad y cercanía.
- Hay que procurar evitar las prisas y la impaciencia pues los niños no tienen noción del tiempo[99].
- Normalizar al menos tres tiempos[100] o espacios a la semana, para compartir la Palabra y orar juntos como familia.

Sobre todo, se trata de hablar con ellos, contestar sus preguntas, contarles historias, mostrarles cosas nuevas, compartir sus juegos, etc. Todas estas cosas son una excelente manera de acercarse a nuestros hijos y ayudarles a desarrollar sus capacidades. Cuanto más pequeños sean nuestros hijos, más fácil resultará establecer con ellos unas relaciones de amistad y confianza que sienten las bases de un sólido entendimiento en el futuro. Por eso, tenemos que reservarles un tiempo diario, exclusivamente dedicado a ellos, pues los hijos aman a aquellos que tienen tiempo, no solo para enseñarles, sino para divertirse juntos. El humor es un bálsamo para suavizar relaciones y situaciones especialmente cuando hay tensión, favorece la confianza y genera complicidad. Como ya hemos visto en el apartado de la educación, la autoridad de unos padres a la hora de disciplinar a sus hijos, está directamente relacionada con el tiempo de juego y diversión compartida. A nuestros hijos les da seguridad saber que siempre pueden contar con nosotros, y si durante la semana no hay mucho tiempo disponible, habrá que aprovechar al máximo los fines de semana y organizarse bien.

---

[99] Sabemos que es fácil de decir, pero cuando nuestros hijos se distraen, emplean media hora para atarse los zapatos, todavía no se han lavado los dientes, etc, es cuando hay que aprender a ejercer control y dominio propio.

[100] Ponemos un número pues somos conscientes de la realidad de muchos padres que debido a sus trabajos, están imposibilitados para tener un devocional diario, aunque sería lo ideal.

Antes de finalizar este apartado, vamos a tener un momento de reflexión…, tómate tiempo para pensar en cada uno de tus hijos, en cada uno de forma particular y única, sus características, sus peculiaridades que lo hacen especial, diferente, un ser único. Si eres creyente da gracias a Dios por el milagro de la vida de tus hijos, por el regalo de poder disfrutar de ellos si aún los tienes en casa, o por el regalo de haberlos podido encaminar ahora que ya están escribiendo su propia historia.

Ahora sí, finalizamos. Hemos desarrollado cinco pautas que constituyen las fuentes de alimentación emocional de nuestros hijos. Concluimos con las siguientes palabras:

Ama a tu hijo incondicionalmente y dale una mirada directa, un contacto físico y una atención concentrada superabundante. Ten cuidado de no amar a tu hijo con amor posesivo, seductivo, vicario o del tipo que invierte los papeles. Ten la bondad de disciplinar (preparar) a tu hijo en formas positivas: tales como dándole dirección, ejemplo, estableciendo pautas e instruyéndole. Cuando tu hijo se porte mal pregúntate si necesita mirada directa, contacto físico, atención concentrada, descanso o agua y satisface primero su necesidad. Cuando esté apenado y arrepentido por su mal comportamiento, perdónale y hazle saber que ha sido perdonado[101].

---

[101] Fuente desconocida

Preguntas para la reflexión

Fuentes de alimentación
emocional de nuestros hijos

1. ¿Cuáles han sido vuestras fuentes de alimentación emocional? ¿Creéis que habéis tenido carencias emocionales? Compartidlas juntos.

2. Hablemos sobre las diferentes fuentes de alimentación emocional y cómo creéis que afectan a cada uno de vuestros hijos, comparadlo con vuestra propia vivencia personal:

   a. Palabras de afirmación
   b. Contacto físico
   c. Mirada directa
   d. Atención concentrada
   e. Tiempo de calidad

3. ¿Qué palabras vais a usar entre vosotros y con vuestros hijos que os afirmen como padres e hijos?

4. ¿Sois personas que transmitís el amor mediante abrazos? ¿Qué impacto tiene en mi vida cuándo abrazo a mi esposo-a, hijos-as? Y viceversa, ¿cuándo yo soy abrazado-a por ellos?

5. Al comunicaros con vuestros hijos, ¿os cuesta la mirada directa? ¿Cuál es el valor de mirar a los ojos?

6. Si alguien te dice: "Eres importante para mí". ¿Qué efecto produce eso en vuestras vidas? ¿Con qué frecuencia decimos a nuestros hijos que son importantes? ¿Sienten ellos que lo son para nosotros?

7. Evaluando del 1 al 10, ¿cómo es el tiempo que pasamos como familia? ¿En qué áreas podemos mejorar?

CAPÍTULO 11

Nuestra mejor herencia, nuestro mayor legado

Todos tenemos una historia

Llegamos a la última parte del libro donde nos interesa enfatizar que todos tenemos una historia vivida, pero sobre todo una historia por vivir, un futuro que aún debe seguir escribiéndose. Mi bisabuelo[102] está enterrado en algún lugar de la lejana Pensilvania. Emigró allí desde Asturias buscando un mejor futuro para su familia, nunca lo conocí pero mi bisabuela me contaba cómo llegaron a Estados Unidos y su marido comenzó a trabajar en las vías del tren. Al poco tiempo se enfermó y murió dejando a su mujer con una niña pequeña y embarazada de 4 meses, apenas con 26 años de edad. Mi bisabuela regresó a España y tuvo una vida difícil criando viuda a sus tres hijas en los duros tiempos de la posguerra. Murió con 92 años en

---

[102] Ahora habla Juan.

buena vejez, y aún recuerdo su rostro lleno de arrugas y su sonrisa siempre dispuesta. Sus historias, en las frías noches de invierno, me hicieron sentirme parte de una generación, como el eslabón de una cadena a la que yo también me sentía ligado.

Antiguamente las familias conocían la vida de sus antepasados y se sentían orgullosos de su herencia familiar, en muchos pueblos aún se conserva el apodo de la familia con el que se conoce a toda una generación debido a algún hecho o característica vivida. Dado que en la historia de mi abuela se repitió el triste episodio de quedarse viuda casi con la misma edad que mi bisabuela, nuestro apodo familiar siempre fue "los de la viuda", esa es nuestra marca familiar. Tristemente hoy en día muchos niños apenas tienen trato con sus abuelos, por causa de la desestructuración familiar incluso muchos niños de padres separados o de parejas de hecho, ni siquiera conocen su historia generacional al estar fragmentada en distintas familias. El sentido de apego a la tradición y a la herencia familiar se está perdiendo en las nuevas generaciones, en muchos casos el enfoque es más laboral que familiar, más dirigido a la autorrealización y a metas laborales, que a fundar una familia y labrar una historia.

Piensa en tu propia familia, si estás en riesgo de que te ocurra algo parecido, todavía estás a tiempo de reescribir tu propia historia, cambia el guion si es necesario, dedica tiempo a los tuyos, a lo realmente importante. Fernando Parrado era uno de los integrantes de un equipo de fútbol uruguayo cuyo avión se estrelló en la cordillera de los Andes en los años 70. En condiciones extremas, y para no morir de

> Piensa en tu propia familia, si estás en riesgo de que te ocurra algo parecido, todavía estás a tiempo de reescribir tu propia historia, cambia el guion si es necesario, dedica tiempo a los tuyos, a lo realmente importante

hambre, tuvieron que alimentarse de sus compañeros. Algunos como Fernando, lograron sobrevivir dedicando su vida a recordarle a otros lo que de verdad cuenta en la vida: *Las empresas son importantes, el trabajo lo es, pero lo verdaderamente valioso está en casa después de trabajar: la familia. Mi vida cambió, pero lo más valioso que perdí fue ese hogar que ya no existía al regresar, por eso recuerda que lo realmente importante está en casa después del trabajo, recuerda que ningún éxito en la vida justifica el fracaso en la familia.* La vida pasa muy rápido y aunque ahora todavía seas joven, piensa que un día tus hijos volarán, te jubilarás, irás dejando tus responsabilidades laborales, eclesiales, pero nunca dejarás de ser padre o madre, y esperemos que tampoco esposo o esposa. ¿Qué es lo realmente importante en tu vida? ¿Qué recuerdos habrás acumulado al final de tus días?

Cuando esto ocurra, debemos utilizar la metáfora de *la maleta y la cuerda* para ilustrar la realidad de que cuando nuestros hijos crezcan y tengan que desenvolverse en una sociedad que no les va a regalar nada, contarán con una maleta que constituye todo el legado que les hayamos transmitido en cuanto a una ética de vida compuesta por normas, valores, ejemplo dado, afectividad, y en definitiva su código ético de vida, que junto con las experiencias y recuerdos, conformarán su sentido de identidad y generación familiar. Todo ello les proveerá de las herramientas que les capacitarán para saber discernir, saber elegir y saber escoger lo que les conviene y lo que no. Al mismo tiempo nosotros como padres debemos confiar en que ellos utilicen adecuadamente las herramientas de esa maleta y vayan gestionando su propia autonomía. Para ello debemos ir "soltando la cuerda" de nuestro control sobre ellos y sus decisiones, lo que implica un mayor margen de libertad y confianza, para que se desenvuelvan por sí mismos y comiencen a labrar su propio futuro.

El capital está en las relaciones, no en las posesiones

Hace años, en un viaje a Barcelona junto con María del Mar, nos paramos en un restaurante de carretera para descansar y tomar algo. Al entrar al servicio observé que la pared estaba llena de pintadas, algunas obscenas y vulgares, pero entre ellas una poderosa frase captó mi atención: *Vive bien el presente para que en el futuro tengas un buen recuerdo de tu pasado,* la memoricé como un tesoro a recordar y continuamos viaje. Después de un sábado de formación para matrimonios, yo debía predicar el domingo en la iglesia local que estaba en un edificio cuya planta alta era una residencia de la tercera edad. Después de la predicación, a la que acudían muchos de los ancianos de la residencia, uno de ellos me dijo: *Joven acérquese.* Cuando estuve a su lado me dijo: *Mire, la vejez consiste en sentarte a la caída de la tarde en tu sillón favorito, y rememorar tu vida, para gozarte si hay buenos recuerdos y supiste aprovechar el tiempo con los tuyos, o para lamentarte por haber ofrecido tus años más preciados al trabajo o los negocios y haber perdido a tu familia.* Luego supe que aquel anciano pertenecía a la alta burguesía catalana siendo un hombre que había acumulado muchos bienes. Su tristeza al contarme su visión sobre la vejez me hizo sospechar que el capital no está en las posesiones sino en las relaciones, no en los bienes materiales, sino en las vivencias y recuerdos acumulados: *Era un hombre tan pobre, tan pobre, que solo tenía dinero.*

Rockefeller fue el hombre más rico de su época, tenía compañías petrolíferas, navieras, constructoras, su fortuna era incalculable. Cuenta la historia que una vez fallecido, su albacea y sus abogados convocaron una rueda de prensa para informar sobre el futuro de todas sus posesiones. Uno de los periodistas preguntó: *Por favor, ¿podría informarnos cuánto dejó el Sr. Rockefeller?* Lentamente el albacea levantó la cabeza y dijo: *Lo dejó todo, no se llevó nada.* Esta historia ilustra la verdad bíblica de que lo importante en esta vida no consiste en la abundancia de los bienes que se posean[103], sino en la abundancia de recuerdos, vivencias, relaciones familiares significativas. La mejor inversión para el futuro no consiste en dinero o posesiones, sino en la herencia familiar que nos sobreviva y dé sentido a nuestra existencia.

Normalmente entendemos por herencia el reparto de los bienes materiales (dinero, inmuebles, posesiones) que nuestros padres o familiares nos dejan en su testamento. Hay personas que se lamentan de que no han recibido casi nada de sus padres porque eran pobres, y otras se lamentan de serlo ellos mismos y de no tener nada que dejarles a sus hijos. Esto sería una visión muy reduccionista de lo que queremos transmitir cuando hablamos de herencia. Es decir, la mejor herencia a la que podemos aspirar es una vida llena de recuerdos, de vivencias, de momentos intensos que añaden riqueza a tu pasado y significado a toda tu vida, sembrando un futuro de esperanza en el que dejas a los tuyos los valores y principios de tu propia experiencia, que serán asimismo el equipaje con el que ellos, tu hijos, tengan el verdadero éxito en sus vidas. Esto produce sentido de dinastía familiar. Recordemos que en la Biblia la prosperidad no se medía por las riquezas materiales sino por la familia y la abundancia de hijos[104], o como ya hemos mencionado, no por las *posesiones* sino por las *relaciones*.

> La mejor herencia a la que podemos aspirar es una vida llena de recuerdos, de vivencias, de momentos intensos que añaden riqueza a tu pasado y significado a toda tu vida

---

[103] Lc.12:15
[104] Sal.127

Los pilares de nuestra vida: *momentos enseñables, dinastía familiar, códigos propios*

Cuando la rutina se instala en la pareja, la relación es mucho más vulnerable a todo y abrimos la puerta para que cualquier adversario pueda entrar. Llega el desencanto, la decepción, la falta de ilusión, la soledad. En muchos casos ese déficit de compañía y comunión con el otro, afecta directamente a los hijos, que como víctimas involuntarias, sufren la pérdida de su estabilidad familiar. En toda familia saludable que no quiera estancarse en una rutina aburrida y predecible, tienen que existir pilares de vida, es decir momentos entrañables y cotidianos que den sentido y viveza a nuestra existencia, son como la chispa de las relaciones, la sal de la vida que mantiene viva, fresca y saludable la tónica general de nuestras familias. Vamos a hablar de algunos pilares de vida familiar: momentos enseñables, sentido de dinastía y códigos propios.

Momentos enseñables: Siempre recuerdo un día que llegábamos, Noel y yo, de dejar a Juan en el aeropuerto. De repente comenzó a diluviar y cuando llegamos a casa la tormenta era tal que no había luz, era una noche de invierno que hacía mucho frío. Esa noche hicimos algo especial, al fuego de la chimenea pinchamos unas salchichas, tostamos pan y de repente le empecé a hablar de cómo era la vida antes, cómo sus abuelos vivieron sin electricidad, sin comodidades en las casas, le expliqué cómo antes no había baños, sus abuelos no podían abrir un grifo y que saliera agua…, eso permitió crear un espacio de intimidad muy especial, pudimos hablar de valorar lo que tenemos y nos parece tan normal. De repente me parecía que estaba hablando con una persona mucho más adulta que solo un niño de 9 años. Al calor de la chimenea hicimos un juego y después nos fuimos a la cama.

A la mañana siguiente lo primero que Noel me dijo fue: *Qué bien lo pasamos anoche, mamá, y cómo me gustó lo que me contaste de los tiempos antiguos.* Me encantó escuchar sus palabras, pero sobretodo me gustó porque me hizo reflexionar en lo que en realidad nuestros hijos necesitan, que no es sino sentirse unidos a los padres, que pasemos tiempo juntos y hagamos cosas que nos conecten a nivel emocional. Hubo algo hermoso aquella noche entre mi hijo y yo, no hubo interferencias, ni otras cosas nos privaron de la mutua compañía, generando así un momento hermoso lleno de intimidad, complicidad y trasmisión de valores. Esa noche fui consciente de la importancia de pedirle a Dios, que nos conceda la sensibilidad para saber aprovechar y valorar esos momentos que son únicos e irrepetibles.

Sentido de dinastía familiar: Los tiempos que corren son difíciles, pues la desestructuración de la familia no provee seguridad ni continuidad en la historia de nuestros hijos, estos necesitan que los pilares fundamentales de su propia historia (padres, abuelos y demás familia extensa) sean permanentes y no cambien a tenor de los divorcios, nuevas parejas de sus padres, etc. Nuestros hijos necesitan sentirse parte de un linaje, saberse eslabones de una cadena generacional. Al comenzar este apartado hablábamos de los apodos familiares y de la historia de mi familia. Nunca conocí a mi abuelo pues murió cuando yo ni siquiera había nacido. Sin embargo mi abuela me hablaba de él y me contaba historias de cuando ellos eran jóvenes y comenzaron su vida juntos, por ello tengo recuerdos imborrables de mi abuela contándome sus historias familiares. A veces nos enseñaba fotos grises y arrugadas que nos parecían de otra época, y es que, en realidad lo eran.

En nuestra habitación hay una lámina enmarcada que representa un viejo parchís con una dedicatoria en su esquina. Ese cuadro narra una parte entrañable de la historia de mi abuelo. Finalizada la guerra civil española mi abuelo fue encarcelado en Galicia donde pasaría dos largos años de su vida.

En la soledad de la cárcel y lejos de los suyos, mi abuelo dibujó un parchís para cada uno de sus hijos. Corría el año 1939 y era la segunda Navidad alejado de los suyos. La dedicatoria decía así: *Para Mari Paz, Nery y José Luis, como recuerdo de Reyes de su papá, cárcel de Figueirido, 5 de Enero de 1939.* Ese viejo parchís es el único recuerdo tangible que conservo de un pasado que forma parte de mi herencia, es el único testigo de un hombre al que nunca conocí, mi abuelo, y de una historia que forma parte de la mía, como un eslabón en la cadena generacional de la familia Varela.

Hoy en día es muy importante que los padres les hablen a sus hijos de su pasado, de sus abuelos, de su herencia familiar, de una historia que forma parte de sus vidas y trae a nuestros hijos sentido de pertenecer a un linaje, de ser eslabones de una cadena generacional. Qué bueno cuando podemos enseñar a nuestros hijos objetos, fotos, cosas del pasado, cosas tangibles que al verlas y tocarlas, les conecten con un pasado que forma parte de su historia, de su herencia, de su dinastía familiar. Esto es lo que llamamos sentido de "dinastía familiar" que otorga la seguridad de pertenecer a un linaje, a una identidad generacional, a nuestra propia historia.

> Qué bueno cuando podemos enseñar a nuestros hijos objetos, fotos, cosas del pasado, cosas tangibles que al verlas y tocarlas, les conecten con un pasado que forma parte de su historia, de su herencia, de su dinastía familiar. Esto es lo que llamamos sentido de "dinastía familiar"

Códigos propios: Son las fibras con las que se tejen nuestros más preciados recuerdos, proporcionando una diferencia notable en nuestras vidas y creando la seguridad emocional en el hogar. Pueden fortalecer la familia de muchas formas, pues los códigos propios establecen continuidad, pero sobre todo complicidad, unen el presente con el pasado, hacen un puente entre las generaciones y fomentan un cierto sentido de identidad familiar que se cultiva, y por lo tanto crece y se arraiga en nuestras historias personales. Asimismo enriquecen nuestras vidas y las llenan de sentido, cuando echan a un lado la rutina y enfocan aquellas cosas que son de verdad importantes generando complicidad e intimidad.

Toda familia ha de tener sus códigos propios, sus pequeñas tradiciones familiares. Nos referimos a esas pequeñas actividades o costumbres que forman parte de la historia particular de cada familia, y que nos otorgan sentido de pertenecer y formar parte de algo íntimo y exclusivo. Uno de nuestros códigos propios es "el castillo de arroz". Cuando nuestro hijo era pequeño le costaba estar atento a la hora de la comida y mantenía su atención en otras muchas cosas, entonces decidimos ser creativos y prepararle un cuento que se come. Tomando un vaso como molde lo llenábamos de arroz y hacíamos las torres del castillo, luego los muros, dos salchichas simbolizaban los mástiles donde colocar las banderas, y para finalizar poníamos dos lonchas de queso a la entrada simulando los campos de trigo. Entonces comenzaba el cuento: la cuchara era un dragón malvado que destruía el castillo y lo llevaba a la cueva trituradora (la boca de nuestro hijo), así transcurría el cuento y finalmente nuestro hijo terminaba comiendo unos platos de arroz impresionantes.

A día de hoy, Noel ya es adulto, pero de vez en cuando con un guiño de complicidad me dice: *Papi, esta noche castillo de arroz*, claro, con su edad actual ya no le cuento la historia, pero el plato de arroz, ¡se lo sigue comiendo! De forma que los códigos propios son tradiciones familiares, pequeños eventos cotidianos y regulares que traen seguridad, sentido de exclusividad, unidad y complicidad familiar, pueden incluir actividades especiales para cumpleaños, viernes de cine-pizza, desayunos familiares, juegos, etc. El salmo 133, como todo texto bíblico,

> Los códigos propios son tradiciones familiares, pequeños eventos cotidianos y regulares que traen seguridad, sentido de exclusividad, unidad y complicidad familiar

tenemos que aplicarlo en clave familiar, por tanto, no estamos pensando en la iglesia a la hora de leerlo, sino en la familia. Nos habla de la bendición de habitar juntos en armonía, y cuando estamos en familia disfrutando de algún código propio (pilar de vida), estamos habitando en armonía, ¿recuerdas que ocurre entonces? Pues que *allí envía Jehová bendición y vida eterna.*

El tiempo que nos resta

Como padres, queremos animaros a aprovechar cada momento que tenemos, cada oportunidad de estar al lado de nuestros hijos, e invertir en sus vidas, aun en los momentos cuando parece que todo está tan cuesta arriba, cuando parece que los hijos ni valoran ni agradecen lo que como padres hacemos por ellos. No te preocupes pues en su tiempo lo harán y reconocerán nuestros esfuerzos, pues cada etapa de la vida pone las cosas en su sitio y, aunque lamentablemente hay excepciones, los hijos acaban valorando en gran medida lo que hemos hecho por ellos. Puede ser que apenas hayáis comenzado la aventura de la paternidad y tengáis por delante toda una vida para aprobar la asignatura de la educación de vuestros hijos, con todo, ¡padres, ánimo!, podéis reescribir y cambiar el rumbo de vuestra historia familiar. Solo recordad que el día que tenemos para invertir en nuestros hijos es hoy, y el tiempo es ahora. No hay tiempo que perder.

La vida es bastante impredecible, incierta, no podemos saber o planear cuántas oportunidades nos dará para invertir en nuestros hijos y especialmente cuántos momentos tendremos para darles todo aquello que necesitan y demandan de nosotros. Hace unos meses teníamos una conversación con un padre que había perdido a su hijo de 16 años en un accidente de tráfico, fue una experiencia muy dolorosa, el hijo estuvo en coma por varias semanas, mejoró un poco, pero al final todo se complicó y falleció. Este hombre con mucho dolor nos relataba su historia y cómo el día del accidente él tuvo una fuerte discusión con su hijo, lo típico, no prestaba atención a los estudios y sus responsabilidades y estaba más centrado en los amigos y en las salidas. Ese día el hijo se marchó habiendo discutido fuertemente con su padre, cuando ese chaval cerró la puerta de casa, ya no hubo vuelta atrás, ya no hubo más oportunidades. Su padre destrozado y deshecho, hablaba con nosotros entre sollozos de cómo a raíz de la muerte de su hijo, había cambiado su vida y sus prioridades.

Durante los días que el chico estuvo en coma el padre reflexionó en su propia vida, los pocos momentos que había pasado junto a su hijo y el poco tiempo que había invertido en él, las pocas veces que estuvo disponible para estar presente en las cosas importantes de su vida (cumpleaños, graduaciones, partidos de fútbol,...) Sin embargo tras ese profundo dolor que bajo su expresión este hombre transmitía, había un mensaje de esperanza, de cambio, nos habló de cómo el chico pudo salir del coma y volver a reconocer a sus padres, cómo para él ese fue el momento de su reconciliación consigo mismo, teniendo la oportunidad de hablar con su hijo, de decirle lo que sentía por él y de pedirle perdón por los momentos en los que no estuvo presente. El hijo le dijo a su padre que no se preocupara, que por supuesto que lo perdonaba... y ambos pudieron darse un abrazo como jamás se habían dado. Dios le permitió a este padre pasar dos semanas más al lado de su hijo y él con lágrimas nos confesaba que había vivido esas dos semanas junto a su hijo y habían hablado mucho más intensamente que los 16 años anteriores. Al morir, aun a pesar del dolor, nos comentaba que aprendió la lección más grande de su vida y que ahora con su hija menor aprovecharía cada momento como si fuese el último.

Es cierto que este es un caso muy extremo, pero es una realidad que en cualquier momento podría ocurrir, nadie sabe lo que nos depara el mañana, pero es nuestra responsabilidad y privilegio aprovechar junto a nuestros hijos el hoy, el presente. Aun en medio del dolor de esa situación, vimos a un hombre que pudo reconciliarse con su hijo, consigo mismo, levantarse en medio de la prueba que lo rompía, y pensar que tenía otra gran oportunidad por delante con su hija pequeña. Al pensar en esto no podemos menos que enfatizar y decirnos a nosotros mismos, que como padres, debemos aprovechar cada momento como si fuese la única oportunidad. Aun en medio de las presiones y dificultad de lo que implica ser padres y educar hoy, debemos mentalizarnos para vivir aprovechando cada momento y disfrutando el viaje de nuestra propia historia familiar. Esto, queridos amigos, es lo que puede marcar la diferencia.

> Debemos mentalizarnos para vivir aprovechando cada momento y disfrutando el viaje de nuestra propia historia familiar. Esto, queridos amigos, es lo que puede marcar la diferencia

El legado que nos sobrevive

James Dobson, uno de los hombres que ha dejado un mayor legado en cuanto a la familia y su defensa, ya octogenario, en su largo y dilatado ministerio ha influenciado a generaciones con sus libros y conferencias. Sin embargo lo que hace años nos impactó cuando comenzábamos nuestro propio ministerio, fue su íntima experiencia de vida cuando su padre falleció:

Cuando viajaba en avión para asistir al funeral de mi padre, retrocedí en el tiempo entrando en los tesoros y en los recuerdos de antaño, y pensé en los días más felices de mi infancia. Mi papá y yo nos levantábamos muy temprano antes de que el sol saliese en la fría mañana invernal. Nos vestíamos nuestras ropas de abrigo y nos dirigíamos a lo profundo del bosque, una vez allí mi papá me escondía bajo un árbol caído mientras él se sentaba a mi lado con complicidad. Después esperábamos la llegada del sol y el despertar de la naturaleza, pequeñas ardillas y pajaritos aparecían por aquí y por allá sin saberse observados. Mi papá y yo mirábamos como se desenvolvía el asombroso panorama de la mañana que hablaba tan elocuentemente del Dios creador de todas las cosas. Pero lo más importante era que había algo dramático que ocurría allí en el bosque entre mi papá y yo, un intenso amor y afecto eran generados en esas entrañables mañanas marcando la tónica para una vida de comunión. Había una intimidad y una amistad que me hacía querer ser como aquel hombre, que me hacía escoger sus valores como mis valores, sus sueños como mis sueños, su Dios como mi Dios. Esos estaban entre los recuerdos que pasaron por mi mente en aquel triste viaje. Entonces otro flujo de emoción me inundó al pensar en mis propios hijos, me pregunté qué recuerdos predominarían en sus mentes cuando yo estuviese muerto, qué experiencias recordarían como las más felices de su vida. ¿Recordarían a un padre siempre trabajando y sin tiempo para sus hijos? O recordarían a unos papás pacientes que tomaban tiempo para escucharles, para ser sus amigos, su apoyo, su guía. Yo le ruego a Dios que me ayude a mantener a mi familia en el primer lugar en mi lista de prioridades durante los preciosos años de la vida.

En las carreras de relevos ningún corredor corre toda la distancia, solo les toca una parte del camino, y cuando va fi-

> El testigo se compone de todos los códigos propios, momentos enseñables, recuerdos, vivencias, historias y valores transmitidos a lo largo de toda una vida

nalizando la carrera, el atleta pasa el testigo al corredor que viene detrás. En nuestras vidas pasa algo parecido, todos corremos, todos vivimos nuestra propia carrera nuestra propia historia, y cuando vamos a finalizar, cuando ya se termina nuestro tiempo, tenemos que dejar a nuestros hijos el testigo para que ellos continúen corriendo en su propia carrera, en su propia historia. El testigo se compone de todos los códigos propios, momentos enseñables, recuerdos, vivencias, historias y valores transmitidos a lo largo de toda una vida. Ese es el mayor significado que podemos dar a nuestra existencia, pues aunque nosotros no hayamos recibido lo mejor en nuestra propia infancia y herencia, no podemos olvidar que: *No es tan importante lo que hemos recibido, como lo que podemos dejar,* pues los padres debemos ser el comienzo de una nueva generación que marque la diferencia.

Con nuestros hijos tenemos la posibilidad de perpetuar valores que perdurarán aún más allá de nuestra muerte y que afectarán a generaciones. Un proverbio africano dice: *Cuando un anciano muere, una biblioteca arde,* pues en nuestra historia personal hay un patrimonio de gran valor que perdemos, si no se transmite a la siguiente generación. Parte de nuestra historia y de nosotros mismos vivirá en nuestros hijos, y aun ellos, probablemente, reproducirán en sus propios hijos los mismos valores que les inculcamos, pues somos eslabones de una cadena generacional que no sabemos dónde termina. Al final de nuestros días, y si lo hemos hecho bien, tendremos la seguridad de haber afectado a generaciones. La historia de nuestras vidas se escribe con la palabra FAMILIA, y tenemos que seguir escribiéndola, hay que llegar al final, para que así el epitafio sobre nuestra propia vida e historia contenga palabras parecidas a las del apóstol Pablo: *He peleado la buena batalla, he acabado la carrera, he guardado la fe[105]*.

Nuestros hijos no van a recordar las marcas de sus ropas, juguetes, el dinero que les hayamos dado, eso pasa y es secundario, lo que tus hijos nunca van a olvidar es el tiempo que han pasado contigo, esas vivencias únicas y entrañables que quedaron marcadas a fuego, los momentos de hablar, de comunicar, de jugar, de reír y llorar, de estar ahí en sus actividades, en sus luchas, en sus cambios de etapas... Estos momentos y recuerdos no tienen precio y tenemos que estar alerta porque el tiempo de la infancia es fugaz y cuando se pasa, no vuelve. Un día simplemente ya no estarán, se habrán hecho mayores, habrán dejado el nido para volar hacia su propia historia, ¿con qué nos vamos a quedar? No te guardes nada para ocasiones especiales, las ocasiones especiales son hoy, ahora, y tus hijos te necesitan "hoy" como padre y madre, necesitan que estemos ahí con ellos y para ellos, pues lo importante es haber dado lo mejor de nosotros mismos, habernos "gastado" en la apasionante e increíble tarea de ser padres.

Comenzamos el libro mencionando el Salmo 127 que en su primer verso dice: *Si el Señor no edifica el hogar, en vano trabajan los que lo edifican*. Queremos concluir con el mismo Salmo que utiliza una interesante ilustración para hablar de nuestros hijos como saetas: *He aquí herencia de Jehová son los hijos, cosa de estima el fruto del vientre. Como saetas en mano del valiente, así son los hijos habidos en la juventud[106]*. Lo primero que notamos es que nuestros hijos no nos pertenecen pues son herencia de Dios, Él nos los deja por un corto espacio de tiempo, para que como mayordomos, administradores de sus vidas, los encaminemos en la dirección correcta. Tradicionalmente se ha

---

[105] 2 Tim.4:7-11
[106] V.3 - 4

interpretado que "la mano del valiente", se refiere a los padres siendo las saetas o flechas los hijos. Sin embargo nosotros queremos darle otra interpretación[107]. Para que una saeta sea lanzada necesita un arco que la impulse y direccione. El arco representa a los padres y las saetas ciertamente a los hijos, pero las "manos del valiente" bien pudieran representar a Dios, como el arquero divino que usa el arco y lo tensa, para lanzar la flecha en la dirección adecuada. Los arcos se hacían con la madera de aquellos árboles que ya habían dado varias temporadas de fruto, consiguiendo que la savia que las llenaba cada primavera, tornara flexible y resistente la rama. Así los padres ejercitados en nuestra labor, poseemos la "savia espiritual" de la presencia del Espíritu Santo en nuestras vidas, que nos otorga ese carácter flexible, moldeable, pero también resistente, para ser arcos válidos en las manos de Dios. A veces nuestros hijos y las circunstancias que vivimos a lo largo de sus vidas y educación, tensan y curvan el arco de nuestra paternidad hasta el límite, produciendo dolor y sufrimiento. El arquero divino utiliza ese dolor, esa tensión, para impulsar la flecha lo más lejos posible. Es una paradoja, nuestro dolor, preocupaciones y desvelos, al servicio de Dios y si no nos quebramos, son la energía que Él utiliza para lanzar a nuestros hijos en la dirección adecuada. Dios tiene un blanco, un propósito, nos quiere usar a los padres con los hijos y mientras más estire y tense el arco, más lejos va a llegar la flecha.

En las flechas se buscaba sobre todo rectitud, pues una flecha doblada variaba el rumbo marcado por el arquero. Para conseguir esas flechas se escogían ramas rectas y se les quitaba la corteza para que al secarse permanecieran no flexibles como los arcos, sino rígidas y rectas. Así en nuestros hijos, Dios tiene que ir quitando todas las "cortezas" que impidan rectitud en

---

[107] Nuestra querida amiga Rosa Álvarez fue quien nos sugirió este interesante enfoque.

sus vidas, para que en Sus manos e insertadas en la cuerda del arco, que somos sus padres, sean proyectadas al futuro, con garantías de llegar a la meta.

Mientras más flexibilidad, y por lo tanto, obediencia a Dios tengamos, más nos vamos a poder doblar para que ellos puedan ser lanzados, una vez que en ellos Dios consiga la rectitud deseada, hacia el blanco divino. Nosotros los padres somos esos arcos flexibles, pero a la vez resistentes donde ellos se pueden apoyar ofreciéndoles cobertura, para ser impulsados por el arquero divino hacia la meta y objetivo que Dios tiene con ellos. Esa es nuestra gloria y nuestra cruz, nuestro gran privilegio y nuestra inmensa responsabilidad.

Bueno amigos, ahora sí concluimos nuestro tiempo juntos, gracias por habernos acompañado durante este viaje de nuestra/vuestra aventura familiar. Es nuestro deseo y oración ferviente, que la lectura de estas páginas haya contribuido a valorar el matrimonio, la familia, sobre todo los hijos, como ese legado que nos sobrevive y que afectará a generaciones. Nunca debemos olvidar que nuestros hijos son mensajeros que enviamos a un tiempo en el cual nosotros no estaremos, entonces la reflexión final es, ¿qué mensaje les vamos a dejar? ¿En qué dirección los vamos a lanzar? ¿Qué legado les vamos a transmitir? Finalmente y por encima de muchas otras cosas, recuerda siempre que tus hijos, ¡SÍ IMPORTAN!

Preguntas para la reflexión

Nuestra mejor herencia, nuestro mayor legado

1. Compartid en pareja los recuerdos más bonitos de vuestra niñez, ¿existía alguna tradición familiar?

2. Usando el ejemplo de "la maleta y la cuerda", ¿qué cosas básicas debe haber en la maleta de los hijos para que puedan marchar de casa? ¿Hasta dónde y cuándo soltar?

3. ¿Qué enseñanzas o valores podemos sacar de la frase: "Vive bien el presente para que en el futuro tengas un buen recuerdo de tu pasado"?

4. Desde vuestro punto de vista, ¿qué son pilares de vida? ¿Cuáles serían los básicos para dejar un buen legado?

5. Dad vuestra opinión de los pilares de vida mencionados en el capítulo:

   a. Momentos enseñables
   b. Sentido de dinastía familiar
   c. Códigos propios

6. En base a lo anterior, como familia, ¿dónde queremos hacer énfasis y en qué formas prácticas nos comprometemos a hacerlo?

7. Expresa a tu cónyuge cuál es el legado más especial que habéis recibido de vuestra familia origen.

8. ¿Qué legado como pareja queréis dejar de forma intencional como padre y madre en vuestros hijos?

ANEXO

Carta de un hijo a todos los padres y madres

Queridos papás:

No me deis todo lo que os pido. A veces solo pido para ver hasta cuánto podré tomar.

No me gritéis, os respeto menos cuando me gritáis y me enseñáis a gritar a mí también, y yo no quisiera gritar.

No me deis siempre órdenes y más órdenes. Si a veces me pidierais las cosas, yo lo haría más rápido y con más gusto.

Cumplid vuestras promesas, buenas o malas. Si me prometéis un premio, quiero recibirlo y también si es una corrección.

No me comparéis con nadie, especialmente mi hermano. Si me presentáis mejor que los demás, alguien va a sufrir, y si peor, seré yo quien sufra.

No cambiéis de opinión tan a menudo sobre lo que debo hacer, decidíos y mantened esa decisión.

Dejadme valerme por mí mismo. Si hacéis todo por mí, nunca podré aprender.

Corregidme con ternura.

No digáis mentiras delante de mí, ni me pidáis que las diga por vosotros, aunque sea para sacaros de un apuro. Está mal. Me hace sentir mal y pierdo la fe en lo que vosotros decís.

Cuando hago algo malo no me exijáis que os diga el porqué lo hice, a veces ni yo mismo lo sé.

Si alguna vez os equivocáis en algo, admitidlo, así se fortalece la opinión que tengo de vosotros y me enseñáis a admitir mis propias equivocaciones.

Tratadme con la misma amabilidad y cordialidad con que veo que tratáis a vuestros amigos, pues por ser familia no significa que no podamos ser también amigos.

No me pidáis que haga una cosa y vosotros no la hagáis, yo aprenderé a hacer todo lo que vosotros hacéis aunque no me lo digáis, pero difícilmente haré lo que digáis y no hacéis.

Cuando os cuente un problema mío, aunque os parezca muy pequeño, no me digáis: "No tenemos tiempo ahora para esas bobadas". Tratad de comprenderme, necesito que me ayudéis, necesito de vosotros.

Para mí es muy necesario que me queráis y me lo digáis, casi lo que más me gusta es escucharos decir: "Te queremos".

Abrazadme, necesito sentiros muy cerca de mí. Que vosotros no os olvidéis que yo soy, ni más ni menos que, vuestro hijo.

(Autor desconocido)

Respuesta de unos padres a la carta de su hijo[108]

Querido hijo:

Te amamos con todo corazón aunque no siempre hemos sabido mostrártelo. Sentimos profundamente no haber estado acertados en muchas ocasiones, pero nadie nos ha enseñado, hemos intentado hacerlo lo mejor que hemos sabido.

Solo por verte feliz, te daríamos el mundo entero con gusto. Pero no lo haremos; no te daremos todo lo que pidas porque te amamos, y debemos proveerte de lo que es bueno para ti. Todo aquello que realmente te ayude a desarrollarte como una persona de bien.

Intentaremos no gritarte más. Demasiadas veces nuestra frustración e impotencia se convierten en ira y gritos. Nos cuesta asimilar que estamos en un proceso de mutua adaptación. Pondremos todo nuestro empeño en tratarte como nos gusta que nos traten a nosotros.

Te pediremos las cosas de forma correcta y respetaremos las normas. Así te ayudaremos a ser responsable con tu vida. Tú serás el que decidas por ti mismo el hacer lo que debes o asumir las consecuencias propias de tus decisiones.

Cumpliremos nuestras promesas y advertencias aunque a veces nos sea difícil, tu confianza es lo más importante para nosotros y deseamos mantenerla íntegra.

Para nosotros eres único, no te cambiaríamos por nadie. Si a veces hemos hecho comparaciones, ha sido pensando en estimularte y hacerte reaccionar para tu bien. Hoy sabemos que este sistema no es

---

[108] Solá, David, Op. Cit., p.187 - 189

el mejor. Nunca volveremos a cometer la injusticia de compararte con alguien.

A veces también nos sentimos desorientados y confusos igual que tú, tenemos temor de no hacer las cosas bien, pero pondremos nuestro empeño en actuar con más serenidad, en no precipitarnos para rectificar seguidamente. Deseamos que te sientas tranquilo y seguro a nuestro lado.

Te vas haciendo mayor sin darnos cuenta, y nos preocupa tanto cuidarte y protegerte, que nos olvidamos de dejarte ser tú mismo. Pero lo haremos, te ayudaremos a desarrollar tu propia personalidad, para que puedas disfrutar de una sana autoestima y una sólida confianza en ti mismo.

A veces nos olvidamos que tu corazón siente como el nuestro, nos enfadamos con facilidad y nos cuesta controlarnos. No pensamos tanto en ti como en lo que has hecho, y te decimos cosas que te hacen daño. Estamos aprendiendo a corregirte con el amor y respeto que mereces.

Si observas que actuamos contradiciendo lo que te hemos enseñado, te agradeceremos que nos corrijas. Nosotros también lo necesitamos. No queremos mentir, ni que tú mientas, ni mucho menos usarte en una mentira. Nada de eso es digno de nuestra familia y debemos comprometernos a vivir en consecuencia.

A veces nos daría más seguridad si supiéramos el porqué haces algunas cosas, por eso te exigimos explicaciones. En realidad nos ocurre a nosotros lo mismo: no siempre sabemos a ciencia cierta la razón de algunas de nuestras conductas. Pero intentaremos ponernos en tu lugar para comprenderte mejor, para sustituir las explicaciones por acciones que den paz a tu alma.

Admitiremos nuestras equivocaciones, y te pediremos perdón cuando te tratemos injustamente. Deseamos ser honestos contigo para que tú también aprendas a serlo.

Deseamos con todo el corazón ser tus mejores amigos. Compartir contigo tus ilusiones y preocupaciones, para que nunca te sientas solo. Estamos aprendiendo a escucharte y a conversar contigo, no creas que es fácil para nosotros, pues creces rápido y experimentas cambios muy importantes. Pero ten por seguro, que lo que es importante para ti, también lo es para nosotros.

Intentaremos ser el mejor ejemplo para ti, para que tú puedas ver en nosotros el modelo y la práctica de todo lo que te enseñamos. Piensa que no somos perfectos, ni deseamos que tú lo seas. Pero sí coherentes con lo que pensamos y decimos.

Aparte de esforzarnos para cubrir tus necesidades materiales, deseamos que puedas asimilar valores morales y espirituales. Para ello, trabajaremos juntos día a día construyendo la mejor herencia que podemos darte: la riqueza interior. Deseamos que puedas experimentar y reflejar en tu vida, el amor, la paz, la alegría y muchas cosas más, independientemente de las situaciones que vivas.

Te queremos y estamos aprendiendo a expresártelo mejor. Estamos ahí contigo, incondicionalmente a tu lado, aunque a veces no te lo parezca. No podría ser de otra forma porque tú eres nuestro hijo.

Tu padre y tu madre

Oración del padre

Dame, Señor, un hijo que sea lo bastante fuerte
Para saber cuándo es débil y lo bastante valeroso
Para enfrentarse consigo mismo cuando sienta miedo.

Un hijo que sea orgulloso e inflexible en la derrota,
Honrado y humilde en la victoria.
Dame un hijo que nunca doble la espalda
cuando debe erguir el pecho.
Un hijo que sepa conocerte a Ti y conocerse a sí mismo,
Que es la piedra fundamental de todo conocimiento.

Condúcelo, te lo ruego, no por el camino cómodo y fácil,
Sino por el camino áspero, aguijoneado por las dificultades
y los retos.
Allí déjalo aprender a sostenerse firme en la tempestad
Y a sentir compasión por los que fallan.
Dame un hijo cuyo corazón sea claro,
Cuyos ideales sean altos.

Un hijo que se domine a sí mismo antes que pretenda
dominar a los demás.
Un hijo que aprenda a reír, pero que también sepa llorar.
Un hijo que avance hacia el futuro, pero nunca olvide
el pasado.
Y después que le hayas dado todo eso, agrégale, te suplico,
Suficiente sentido de buen humor, de modo que pueda
ser siempre serio,
Pero no se tome a sí mismo demasiado en serio.

Dale humildad para que pueda recordar siempre
la sencillez de la verdadera grandeza,
La imparcialidad de la verdadera sabiduría,
La mansedumbre de la verdadera fuerza.
Entonces yo, su padre, me atreveré a murmurar:
No he vivido en vano.

Douglas MacArthur

Padre Dios, dame un corazón[109]:

Paternal, para amar a mis hijos,
promoviendo su crecimiento.
Libre, para reconocer en mis hijos
la libertad de ser ellos mismos.
Generoso, para desear a mis hijos
lo mejor para ellos mismos.
Amistoso, para escucharlos y comprenderlos
en un diálogo franco y acogedor.
Maduro, para amarlos y aceptarlos.
Inteligente, para protegerlos
mientras me necesiten.
Sabio, para discernir lo más acertado,
para cada momento y para cada uno.
Sincero, para que, con honestidad,
no diga que hago por ellos lo que,
en realidad, hago por mí mismo.
Respetuoso, para ofrecerles mis consejos,
pero también permitirles vivir sus experiencias.
Misericordioso, para perdonarlos y darles
confianza y oportunidad para cambiar y superarse.
Humilde, para que no confunda
autoridad con autoritarismo,
y sepa reconocer mis fallos y errores.
Fuerte, para saber "perder a mis hijos"
dejándolos crecer y partir.
Porque quiero conocer la alegría
de "recuperarlos" adultos, sin exponerme
a perderlos reteniéndolos como niños.

---

[109] Adaptada de internet

Decretos de bendición sobre nuestros hijos[110]

Querido Padre Celestial, gracias por tu amor inagotable, gracias por enviar a tu hijo Jesús a derramar su sangre por nosotros. Gracias por ser obediente hasta la muerte para que nosotros tengamos vida y vida abundante. Te amamos Jesús y ahora, como padres, presentamos delante de ti a nuestros hijos y hacemos en fe, y en certeza de que Tú responderás, esta declaración de bendición sobre cada uno de ellos:

Yo declaro, en el nombre de Jesús de Nazaret, que el nombre de nuestros hijos está escrito en el libro de la vida. Que ninguno de nuestros hijos se perderá, que tendrán un encuentro personal contigo que traspasará su ser, que harán transformaciones, que jamás caminarán siguiendo una religión sino en la revelación de tu reino.

Declaro que nuestros hijos son apartados para ti, que cada uno pertenece a ese ejército santo. Declaro que la sangre de Cristo los cubre ahora, que son revestidos por tu sangre preciosa. Que sus vidas son fructíferas, que caminarán dando fruto todos los días de su vida, como árboles plantados junto a corrientes de agua que da su fruto a su tiempo y su hoja no cae y todo lo que ellos hagan prosperarán.

Declaro que sus vidas serán como un olor fragante delante de tus ojos. Que su deleite será habitar en tu casa y alabar tu nombre todos los días de sus vidas. Que ellos darán honra a tu nombre con su comportamiento, amarán hacer lo bueno, se deleitarán haciendo lo bueno.

---

[110] Fuente: Adaptado de Milagros Aguayo

Declaro que sus vidas están cubiertas por ángeles, que los protegen, los cubren, los guardan, que el Ángel de Jehová de los ejércitos acampa a su alrededor y los defiende.

Declaro que nuestros hijos serán aquellos que presten, nunca pedirán prestado, no ha habido justo desamparado ni su descendencia que mendigue pan. Que nuestros hijos serán prosperados, generosos con el necesitado, que sostengan tu reino, que todo lo que sus manos toquen será prosperado.

Declaro que son entendidos en los tiempos, que no andan en confusión, que saben distinguir entre lo bueno y lo malo, que distinguen lo que viene o no de ti, saben lo que es correcto e incorrecto.

Declaro que sabrán huir cuando vengan tiempos de tentación, que velarán por su integridad y santidad. Que no participarán de cosas que no son gratas delante de ti, que tendrán la fuerza y la valentía para ponerse de pie, levantarse y salir de todo lugar peligroso.

Declaro que sus vidas son llenas de sabiduría. Padre, pon en sus labios prudencia, sabiduría, que no serán contados como aquellos que hablan sin más, porque la prudencia y la sabiduría será el sello de sus vidas.

Declaro que la vida de nuestros hijos será llena del fruto del Espíritu Santo, que desarrollarán los dones y talentos que depositaste en ellos. Ayúdanos a nosotros, como padre y madre, a mirar esos dones para ayudarlos a llegar a ese lugar que Tú has determinado para ellos.

Declaro que tu unción está en sus vidas para que sus palabras sean aceptables delante de ti, que serán lentos para hablar, lentos para airarse y prontos para oír porque hay poder en las palabras, pon guarda en sus bocas.

Declaro que nuestros hijos tienen la mente de Cristo y llevan cautivo todo pensamiento a la obediencia a Cristo.

Declaro que toda relación rota de nuestros hijos entre hermanos se arregla, que no habrá división, que caminarán juntos todos los días de su vida, no importa cuán entrados en años estén. Que sabrán sostenerse en tiempos difíciles, uno saldrá por el otro, porque cada uno será el guarda de su hermano.

Declaro que nuestros hijos serán agradecidos y reconocerán que todo lo que ellos tienen viene de ti, que sabrán ser fieles en tu casa con su economía. Sabrán honrarte a ti y tu Palabra, que tu Palabra será lumbrera a su camino, sabrán obedecer y tú prosperarás sus caminos.

Declaro que nuestras hijas harán pacto matrimonial con un hombre que sabrá amarlas, protegerlas y cuidarlas, que ellas sabrán discernir el corazón del hombre que les dice te amo, que no se confundirán. Que harán pacto matrimonial con un hombre que sabrá ser el rey, profeta y sacerdote de su hogar, que sabrá amarlas, cuidarlas y valorarlas. Que jamás conocerán la violencia doméstica.

Declaro que nuestros hijos harán pacto matrimonial con una mujer llena de gracia, que tendrá tu corazón, que sabrá levantar un altar de adoración en su hogar, que criará nuestros nietos en el temor de tu nombre. Una mujer que sabrá sostener el liderazgo de nuestros hijos, que nunca usurpará el lugar que Dios le dio a él como cabeza del hogar, sino que ella se deleitará siendo una ayuda idónea y junto a su marido te servirán juntos. Una mujer sabia, ella edificará la casa, nunca la destruirá.

Declaro, en el nombre de Jesús, que el hogar de nuestros hijos será como un referente en su generación, un oasis de paz, un hogar donde tu gloria será reflejada.

Bendigo, en tu nombre, el hogar de nuestros hijos y declaro que nuestros nietos serán formados y criados en el temor a tu nombre y tu Palabra será grabada en el corazón de nuestros nietos y biznietos. Yo bendigo a nuestros hijos y a los hijos de sus hijos.

Declaro que nuestros hijos jamás morirán por enfermedad, que ellos partirán a tu presencia cuando Tú hayas cumplido tu propósito en sus vidas. Yo declaro que el cuerpo de nuestros hijos es santo y sano y que ellos caminan en sanidad divina.

Declaro que nuestros hijos empiezan a caminar con una fuerza, con esa fuerza del búfalo, Tú fuiste molido por nuestras rebeliones, y es a través de tus llagas que nosotros fuimos sanados. Declaro sanidad y vida para el cuerpo de nuestros hijos, cuerpos sanos a nivel físico, emocional y espiritual en sus vidas para poder servirte.

Declaro que la vida de nuestros hijos traerá testimonio a su generación. Padre, quita todo sentimiento que pueda traer inquietud y angustia a su alma. Libra sus vidas de todo odio, ira, desilusión, amargura, dolor, envidia, libera sus corazones porque si el Hijo los libertare serán verdaderamente libres. Sé Tú su consuelo en todo momento y situación.

Padre, revélale a ellos cómo Tú los ves, que puedan mirarse con el valor que Tú los ves, porque nuestros hijos son la niña de tus ojos, son nación santa, pueblo adquirido por ti, son tu real sacerdocio. Declaro que empiezan a tener una visión clara de quienes son en ti, que su identidad está afirmada en ti y en tu Palabra.

Rodéalos ahora mismo con un manto de amor, sana toda herida de su corazón y si hay algo oscuro rebélalo, que podamos mirar más allá de lo que ven nuestros ojos naturales, queremos ver como padres dónde el enemigo está poniendo su trampa para destruir nuestra descendencia.

Declaro que nuestros hijos tendrán la visión del águila, sabrán mirar sobre la tormenta, no importa cuán difícil y oscuro sea el día. Serán valientes, no se esconderán, se pararán firmes como el águila, el águila descansa solo sobre la roca firme y la roca firme eres tú Señor, ellos sabrán descansar sobre la Roca firme que eres tú.

Declaro que caminarán en su generación siendo un referente de tu reino, serán sentados en lugares de honra, aun de influencia. Declaro que la vida de nuestros hijos cumplirá a plenitud todo lo que Tú soñaste para ellos desde la eternidad.

Declaro que nuestros hijos cumplirán en todas las áreas y tu mano los acompañará siempre, porque Tú has prometido que nunca los dejarás, nunca los abandonaras, que caminarás con ellos todos los días de sus vidas. Declaro que ellos sabrán gozarse en tu presencia y habrá un canto que los acompañará y ese canto será acerca de tu fidelidad. Declaro que ellos vivirán para alabarte, para dar gloria a tu nombre con sus vidas, actitudes, que terminarán sus días confesando tu nombre y alabándote a ti, tu fidelidad hacia ellos será su compañía.

Padre, yo bendigo a cada uno de mis hijos, declaro que su corazón está ligado al corazón de su padre. Si alguno ha sido herido por su padre pido que restaures esa relación.

Declaro que nuestros hijos tendrán una buena vejez, caminarán en sanidad y en santidad y terminarán sus vidas viviendo en plenitud.

Bendigo como padre/madre su descendencia y declaro que los dichos que has puesto en mis labios, no han de faltar en nuestros hijos, ni en los hijos de nuestros hijos desde ahora y para siempre en el nombre de Jesús.

Instituto de formación familiar (INFFA)

Fundado en España en el año 2005, el **Instituto de Formación Familiar** (INFFA) es una asociación legal que ofrece una formación rigurosa e integral a pastores, líderes eclesiales en general, profesionales del campo de las ciencias humanas, así como a todas aquellas personas que desarrollan una labor de consejería pastoral y orientación familiar, o que deseen desarrollarla. Buscamos formar a orientadores familiares que sepan responder a los retos de una sociedad cambiante que exige respuestas claras por nuestra parte. La pedagogía de formación del INFFA sigue el modelo combinado, que partiendo de la consejería bíblica como la base principal, completa la formación con determinadas técnicas y metodologías tomadas del campo de la psicología y la intervención familiar sistémica.

Los cursos mediante los que se obtiene la titulación de Experto en Orientación Familiar, cubren un mínimo de 200 horas lectivas tanto en su formato presencial como online. La formación online sigue el modelo pedagógico de comunidad virtual que está orientado hacia la participación y la interacción de los estudiantes de cada aula virtual. Es sencillo, interactivo y no demanda más de 4 horas semanales de estudio, estando diseñado para que pueda compatibilizarse con trabajo, ministerio u otros estudios. Para ampliar información: **www.institutoinffa.com**. Si quiere contactarnos a nivel personal puede hacerlo a través del correo siguiente: **juanvarela@institutoinffa.com**. O de nuestra página web personal **www.ministeriojuanvarela.es**

BIBLIOGRAFÍA

- Aguilar, Guido, *Cómo tratar los problemas de conducta en el niño*, EDUFORMA, México, 2004.
- Baena, Guillermo, *Cómo desarrollar la inteligencia emocional infantil*, TRILLAS, México 2005.
- Bauman, Zygmunt, *Modernidad líquida*, FONDO DE CULTURA ECONÓMICA, México 2003.
- Bauman, Zygmunt, *Vida líquida*, AUSTRAL, Barcelona 2013.
- Calvo, María, *La masculinidad robada*, ALMUZARA, Madrid 2011.
- Carvalho, Esly, *Familia en crisis*, EDICONES PUMA, Perú 2006.
- Cornejo, Jimmy y Aída, *Cómo ganar el corazón de sus hijos*, WHITAKER HOUSE, Estados Unidos, 2016.
- Cornejo, Jimmy y Aída, *Somos uno, descubre el propósito de Dios para tu matrimonio*, WITHAKER HOUSE, Estados Unidos, 2015.
- Dobson, James, *Cómo criar un niño difícil*, CLIE, Barcelona 1979.

- Dobson, James, *Cómo criar a un niño de voluntad firme*, UNILIT, Miami 1988.
- Dyer, Wayne, *La felicidad de nuestros hijos*, DEBOLSILLO, Barcelona 2006.
- González, José Luis, *Machismo y Matriarcado*, SEMILLAS DEL REINO PARA AMÉRICA LATINA, MÉXICO, 2013.
- Hayman, Suzie, *Mis hijos, crear una nueva familia*, PIRÁMIDE, Londres 2008.
- Hutchcraft, *5 necesidades que deben suplírsele al niño en el hogar*, UNILIT, Miami 1999.
- Keller, Timothy, *El significado del matrimonio*, B&H, Estados Unidos, 2017.- Martínez, Ester, *¡Papás ayudadme!*, ANDAMIO, Barcelona, 2007.
- Martínez, Ester, *Transmisión de valores desde la educación emocional*, Barcelona, 2006,
- Navajo, José Luis, *Eduquemos a nuestros hijos*, DSM, Tarragona, 2007.
- Palacios, Sandra, *Padres sin autoridad, hijos sin bendición*, Colombia, 2013.
- Pelussie, Inés, *Por favor háblame de amor*, EduCom, Francia 2001.
- Porras, Sixto, *Hijos exitosos*, WITHAKER HOUSE, Estados Unidos, 2017.
- Rojas, Enrique, *El amor inteligente*, TEMAS DE HOY, Madrid 2005.
- Rubio, Alicia, *Cuando nos prohibieron ser mujeres y os persiguieron por ser hombres*, LAFACTORIA, Madrid 2016.
- Solá, David, *Amar es más sencillo*, DSM, Tarragona 2006.
- Solá, David, *Educar sin maltratar*, RECURSOS, Barcelona, 2002.
- Smalley, Gary, *La llave al corazón de tu hijo*, BETANIA, 1991.

– Tierno Jiménez, Bernabé, *Todo lo que necesitas saber para educar a tus hijos*, DEBOLSILLO, Barcelona, 2000.- Ulsamer, Bertold, *Sin raíces no hay alas*, LUCIÉRNAGA, Alemania, 2004.
– Urra, Javier, *¿Qué ocultan nuestros hijos?*, AUTOAYUDA, Madrid 2008.